MW00630157

TASCHEN's PARIS

Hotels, Restaurants & Shops

Photos Vincent Knapp

TASCHEN's PARIS

Hotels, Restaurants & Shops

Angelika Taschen

TASCHEN

Hotels

Restaurants

Shops

Preface | Vorwort | Préface

This book is intended to help you enjoy every minute of your time in beautiful Paris. Out of the city's thousands of hotels, restaurants, museums and shops, I have chosen only those places that best capture its character and atmosphere.
Those, like most of us, with only a few days in the city have no desire to waste time or money on mediocre bistros or anonymous, run-of-the-mill hotels on the outskirts. The usual guides always contain too much information and too few photos. Just to read them would fill an entire holiday – and often the reader is none the wiser afterwards as there are hardly any illustrations to help him decide whether something is interesting or likely to leave him cold.
Atmosphere and location and not necessarily luxury were the decisive factors in the choice of hotels. If the room starts to feel too small – something not uncommon in Paris, where even suites are often reminiscent of shoe cartons – it is time for a trip to one of the cafés recommended or for some sightseeing.
In the case of the five-star hotels, I have based my decisions on criteria such as atmosphere and interesting guests. The degree of perfection of the business centre or the gym tended to take second place. After all, who wants to spend their time in Paris on a Stepmaster? It should not be forgotten that these hotels often have such good rates in the low season and at weekends that the guest actually pays only the price of a three-star hotel. The best way to find out about special rates is to go to the website of the individual hotel.

Dieses Buch möchte Ihnen helfen, im schönen Paris ausschließlich wunderschöne Erlebnisse zu haben. Deshalb habe ich aus Zigtausenden Hotels, Restaurants, Museen und Geschäften nur die Orte ausgewählt, die den Charakter und die Atmosphäre der Stadt besonders prägnant widerspiegeln.
Wer wie die meisten von uns nur ein paar Tage Zeit hat, möchte weder Geld noch Zeit in mittelmäßigen Bistros oder anonymen Massenhotels am Stadtrand verschwenden. Die üblichen Reiseführer haben aber immer zu viele Informationen und zu wenig Bilder. Allein für das Lesen müsste man sich Urlaub nehmen – und hinterher ist man oft nicht schlauer, weil es kaum Abbildungen gibt, anhand derer man entscheiden kann, ob einen eine Sache interessiert oder doch eher kalt lässt.
Bei der Auswahl der Hotels waren Atmosphäre und Lage entscheidend, nicht unbedingt der Komfort. Wem sein Zimmer zu eng wird – was in Paris sehr leicht passiert, da hier selbst Suiten oft an Schuhschachteln erinnern –, sollte in eines der empfohlenen Cafés wechseln oder sich eine Sehenswürdigkeit anschauen.
Bei den Fünf-Sterne-Hotels habe ich nach Kriterien wie Stimmung und Art der Gäste entschieden. Wie perfekt das Business Center oder der Gym ausgestattet ist, war eher zweitrangig, denn wer möchte seine Zeit in Paris schon auf einem Stepmaster vergeuden? Zu beachten ist, dass diese Hotels in der Nebensaison und an Wochenenden oft so günstige Angebote haben, dass der Gast nur den Preis eines Drei-Sterne-Hotels bezahlt. Die Spartarife erfährt man am besten auf

Le présent livre a été conçu pour que votre séjour à Paris soit vraiment réussi. C'est la raison pour laquelle, après avoir visité d'innombrables hôtels, restaurants, musées et boutiques, je n'ai choisi que les endroits qui reflètent particulièrement bien le caractère de la ville et son atmosphère.
La plupart d'entre nous ne disposent que de quelques jours de congé et ne veulent gaspiller ni leur argent ni leur temps dans des bistros médiocres ou des hôtels sans âme à la périphérie de la ville. Mais les guides ont souvent trop d'informations et pas assez d'images. Il faudrait prendre des vacances rien que pour les lire – et après on n'est pas plus avancé, vu qu'il n'y a guère d'illustrations sur lesquelles on pourrait s'appuyer pour décider si quelque chose nous intéresse vraiment ou non.
Les hôtels ont été sélectionnés en raison de leur emplacement et de leur ambiance, le confort n'étant pas déterminant. Celui qui trouve sa chambre trop exiguë – ce qui peut arriver aisément à Paris où les suites ont souvent la taille de cartons à chapeaux – devrait aller faire un tour dans un des cafés recommandés ou visiter les endroits pittoresques qui abondent.
Dans le cas des hôtels cinq étoiles, je me suis orientée vers des critères tels que l'ambiance et la présence de gens intéressants. L'équipement du business center ou du club de gym est plutôt secondaire, car qui veut passer son temps sur un stepper alors qu'il se trouve à Paris ? On notera que ces hôtels proposent si souvent des tarifs intéressants à l'arrière-saison et le week-end, que le client ne paie que le prix d'un trois-étoiles. Pour se

Of course, Paris is the city of love, but it is also the city of fashion, perfume, chocolate, champagne and oysters. So do not be surprised by the wealth of shops that I recommend. After all, such luxury brands as Hermès, Cartier, Chanel and Louis Vuitton have their origins in Paris. What influenced my choice was whether the shop told something of the city's history. For example, I have not showcased the Chanel store on Avenue Montaigne, but the one in rue Cambon, as this is where Coco Chanel had her first studio and created the little black dress. Flagship stores of foreign companies such as Armani are mentioned only in passing. One of the exceptions is the perfume shop of Comme des Garçons, as the Paris shop is the only one.
Some of the restaurants are worth a visit if only because they breathe so much history – places where Sartre, Hemingway, James Joyce or Picasso used to eat, places still in original Art-Déco or Directoire style. Sometimes the guest is best advised just to order a simple steak frites in order to avoid culinary disappointment. But, of course, I have also recommended restaurants with Michelin stars.

Je vous souhaite des moments inoubliables à Paris.

Sincerely

der Website des jeweiligen Hotels.
Sicher ist Paris die Stadt der Liebe – aber genauso der Mode, des Parfums, der Schokolade, des Champagners und der Austern. Deshalb wundern Sie sich bitte nicht, dass ich Ihnen so viele Geschäfte empfehle, schließlich sind hier Luxusmarken wie Hermès, Cartier, Chanel und Louis Vuitton entstanden. Bei der Auswahl war mir wichtig, dass die Läden etwas von der Geschichte der Stadt erzählen. So stelle ich nicht den Chanel-Store an der Avenue Montaigne vor, sondern den in der rue Cambon, denn hier hatte Coco Chanel ihr erstes Atelier und erfand das Kleine Schwarze. Flagship-Stores ausländischer Firmen wie Armani kommen nur am Rande vor. Eine Ausnahme ist zum Beispiel der Parfumladen von Comme des Garçons, denn den gibt es weltweit nur in Paris.
Bei den Restaurants lohnen einige schon deshalb, weil sie so viel Geschichte atmen. Sartre, Hemingway, James Joyce und Picasso haben hier gegessen, und die Einrichtung ist originaler Art-déco- oder Directoire- Stil. Manchmal ist der Gast gut beraten, nur ein einfaches Steak frites zu bestellen, um beim Essen keine Enttäuschung zu erleben. Aber natürlich empfehle ich auch Restaurants mit Michelin-Sternen.

Je vous souhaite des moments inoubliables à Paris.

Ihre

renseigner sur les promotions, il suffit de consulter la page Web de l'hôtel désiré.
Paris est la ville de l'amour, c'est bien connu, mais aussi celle de la mode, des parfums, des chocolats, du champagne et des huîtres. Vous serez peut-être étonnés de vous voir conseiller tant de magasins, mais n'oublions pas que les grandes marques comme Hermès, Cartier, Chanel et Louis Vuitton sont nées ici. J'ai veillé en choisissant les adresses à ce que les magasins nous parlent aussi du passé. C'est pourquoi je ne présente pas la boutique Chanel de l'avenue Montaigne, mais celle de la rue Cambon qui a abrité le premier atelier de Coco Chanel, géniale créatrice de l'incontournable petite robe noire. Les magasins phares de sociétés étrangères comme Armani n'apparaissent qu'en marge, encore qu'il y ait une exception, Comme des Garçons parfums, qui n'a pignon sur rue qu'à Paris.
En ce qui concerne les restaurants, certains valent le déplacement rien que pour les personnalités qu'ils ont vu passer – Sartre, Hemingway et Picasso –, et pour leur ameublement pur Art Déco ou Directoire. Parfois il vaut mieux commander un simple steak-frites pour éviter les déceptions, mais je nomme évidemment aussi des établissements étoilés Michelin.

Je vous souhaite des moments inoubliables à Paris.

Votre

Angelika Taschen

Hôtel Ritz
Hôtel
Récamier

HÔTEL
Hôtel Costes
H

costes
costes

Hotels

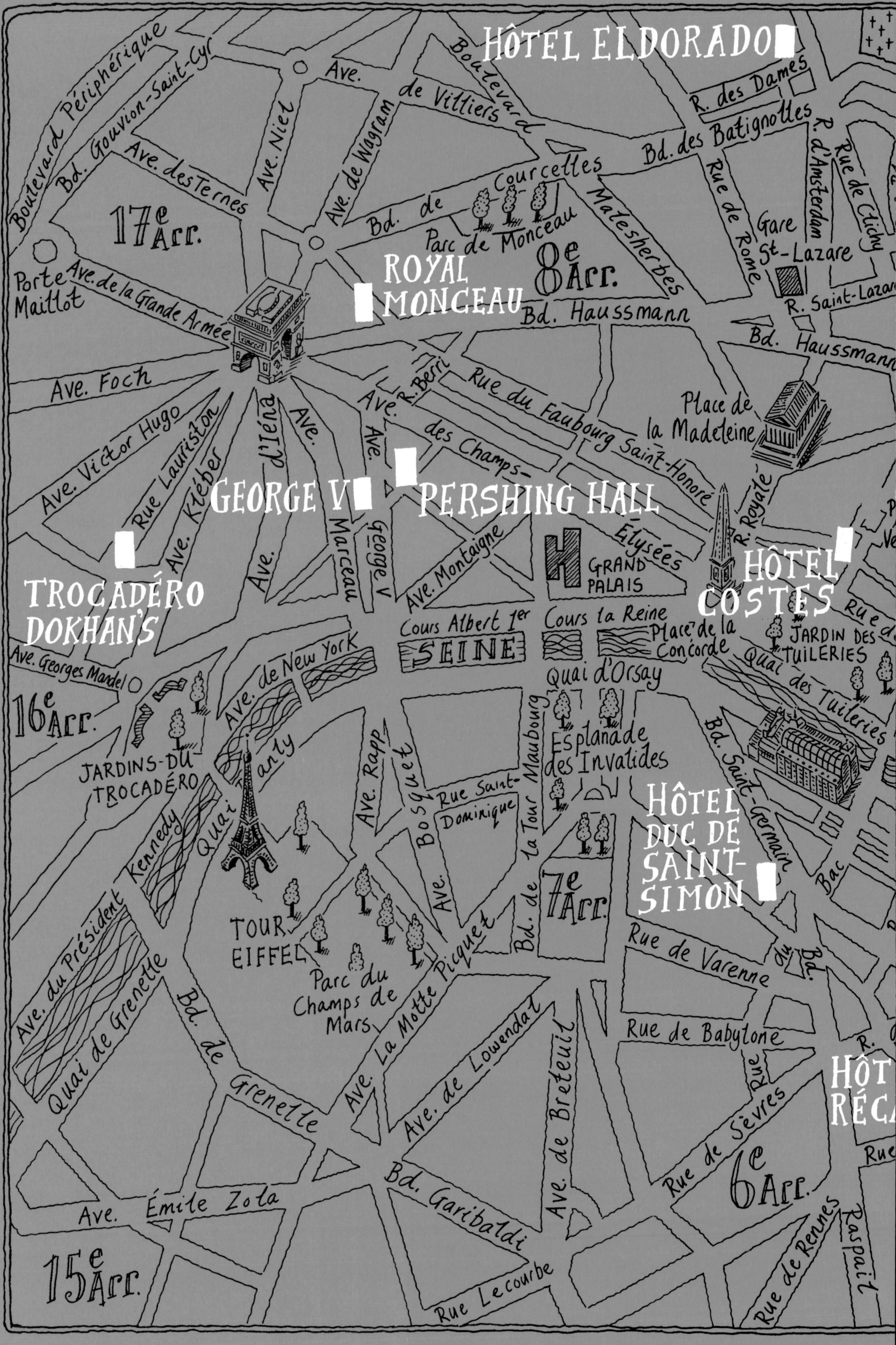

HÔTEL ELDORADO
Boulevard Périphérique
Bd. Gouvion-Saint-Cyr
Ave.
de Villiers
Boulevard
R. des Dames
Bd. des Batignolles
R. d'Amsterdam
Rue de Clichy
Ave. des Ternes
Ave. Niel
Ave. de Wagram
Bd. de Courcelles
Malesherbes
Rue de Rome
Gare St-Lazare
17e Arr.
Parc de Monceau
8e Arr.
Porte Maillot
Ave. de la Grande Armée
ROYAL MONCEAU
Bd. Haussmann
R. Saint-Lazare
Bd. Haussmann
Ave. Foch
R. Berri
Rue du Faubourg Saint-Honoré
Place de la Madeleine
Ave. Victor Hugo
Rue Lauriston
Ave. Kléber
Ave. d'Iéna
Ave.
Ave. des Champs-Élysées
Ave.
GEORGE V
PERSHING HALL
R. Royale
Marceau
George V
Ave. Montaigne
GRAND PALAIS
HÔTEL COSTES
TROCADÉRO DOKHAN'S
Ave.
Cours Albert 1er
Cours la Reine
Place de la Concorde
SEINE
Rue de
JARDIN DES TUILERIES
Ave. Georges Mandel
Ave. de New York
Quai d'Orsay
Quai des Tuileries
16e Arr.
Bd. Saint-Germain
Esplanade des Invalides
JARDINS-DU TROCADÉRO
Branly
Ave. Rapp
Bosquet
Rue Saint-Dominique
Bd. de la Tour Maubourg
Hôtel DUC DE SAINT-SIMON
Kennedy
Quai
Ave.
7e Arr.
Bac
TOUR EIFFEL
Ave. du Président
Quai de Grenelle
Ave. La Motte Picquet
Rue de Varenne
du Bd.
Parc du Champs de Mars
Bd. de Grenelle
Ave. de Lowendal
Ave. de Breteuil
Rue de Babylone
Rue
R.
HÔT RÉCA
Rue de Sèvres
6e Arr.
Bd. Garibaldi
Ave. Émile Zola
Raspail
Rue de Rennes
15e Arr.
Rue Lecourbe

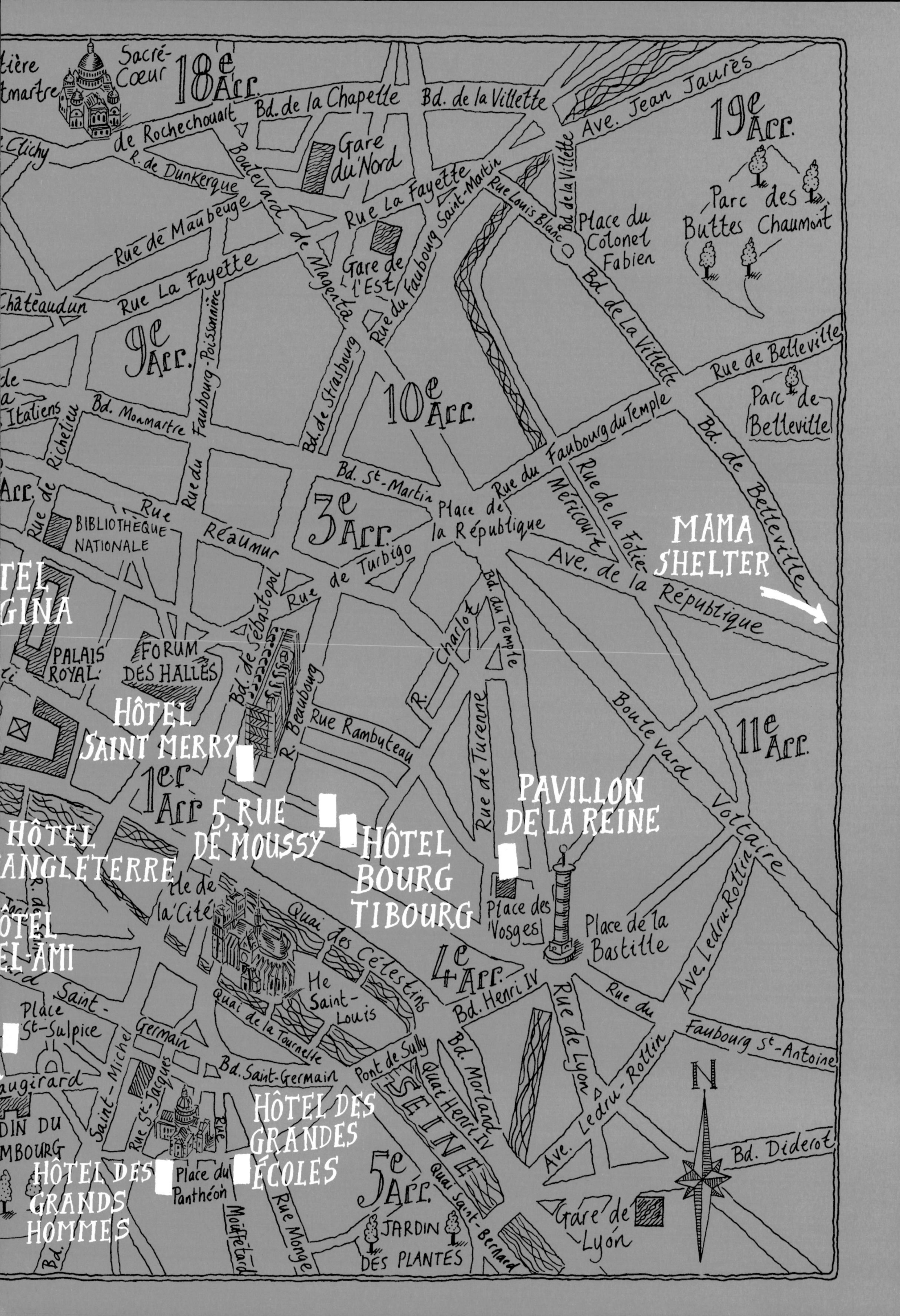

MAMA SHELTER
PAVILLON DE LA REINE
HÔTEL BOURG TIBOURG
5, RUE DE MOUSSY
HÔTEL SAINT MERRY
HÔTEL DES GRANDES ÉCOLES
HÔTEL DES GRANDS HOMMES
Sacré-Cœur
18e Arr.
19e Arr.
9e Arr.
10e Arr.
3e Arr.
1er Arr.
4e Arr.
5e Arr.
11e Arr.
Gare du Nord
Gare de l'Est
Gare de Lyon
Bd. de la Chapelle
Bd. de la Villette
Ave. Jean Jaurès
Parc des Buttes Chaumont
Place du Colonel Fabien
Parc de Belleville
Rue de Belleville
Bd. de Belleville
Place de la République
Ave. de la République
Boulevard Voltaire
BIBLIOTHÈQUE NATIONALE
PALAIS ROYAL
FORUM DES HALLES
Rue Rambuteau
Place des Vosges
Place de la Bastille
Ile de la Cité
Ile Saint-Louis
Quai des Célestins
Bd. Henri IV
Rue du Faubourg St-Antoine
Bd. Diderot
Bd. Saint-Germain
Place du Panthéon
JARDIN DES PLANTES
Rue Monge
Rue Mouffetard
SEINE
N

239

Hôtel Costes

239, rue St-Honoré
☎ +33 1 42 44 50 00 ▯ +33 1 42 44 50 01
doc@hotelcostes.com
www.hotelcostes.com
Métro: Tuileries

Jean-Louis Costes became famous worldwide when he opened the Café Costes, designed by Philippe Starck, in Les Halles in 1984 and it became the meeting point for tout Paris. His Café Marly at the Louvre followed, and finally he converted the antiquated France et Choiseul Hôtel into Hôtel Costes. The classic Parisian building is located directly on elegant rue Saint-Honoré, and was opulently furnished by Jacques Garcia. The whole hotel has the air of a high-class brothel, with deep armchairs and curtains of heavy velvet, all in black, crimson and mauve tones. The dimly-lit interior is rounded off with the scent of specially designed candles and the Costes lounge music. The Hôtel Costes with its popular bar and courtyard restaurant is a meeting place for the beautiful people. The rooms are so dimly lit that they are not really suitable if you plan to work in Paris, but they are perfect for a romantic weekend. The hotel spa is especially attractive with its 18-metre-long pool, exclusively for hotel guests.

Rates: Single rooms from 400 €; double rooms from 550 €, breakfast from 32 €.
Rooms: 82 rooms, 3 suites and 1 apartment.
Restaurants: The restaurant serves delicious light meals at lunch time and in the evening – the bar is worth a visit in the evening simply because of the clientele.
History: Opened in 1995 and since then one of the most popular hotels in Paris. And something special: there are two TASCHEN books in every room, personally chosen by the owner.

Weltweit bekannt wurde Jean-Louis Costes, als er 1984 das von Philippe Starck gestaltete Café Costes in Les Halles eröffnete und es zum Treffpunkt von „tout Paris" wurde. Es folgte sein Café Marly am Louvre, und schließlich verwandelte er das antiquierte „France et Choiseul Hôtel" ins Hôtel Costes. Der klassisch Pariser Altbau wurde von Jacques Garcia opulent eingerichtet. Das ganze Hotel wirkt wie ein elegantes Bordell mit üppigen Polstermöbeln und Vorhängen aus schwerem Samt, alles in Schwarz, Dunkelrot- und Lilatönen. Abgerundet wird das schummrige Interieur vom Duft eigens kreierter Kerzen und der Costes-Lounge-Musik. Das Hôtel Costes ist mit seiner beliebten Bar und dem Innenhof-Restaurant ein Treffpunkt der Modeszene. Allerdings sind die Zimmer so düster, dass sie sich nur bedingt zum Arbeiten eignen, aber für ein Liebeswochenende perfekt sind. Besonders schön ist das hauseigene Spa mit seinem 18-Meter-Pool, der ausschließlich von den Hotelgästen genutzt werden darf.

Preise: Einzelzimmer ab 400 €, Doppelzimmer ab 550 €, Frühstück 32 €.
Zimmer: 82 Zimmer, 3 Suiten und 1 Apartment.
Restaurants: Im Restaurant gibt es sowohl zum Lunch als auch abends köstlich leichte Gerichte, die Bar ist abends schon wegen des Publikums einen Besuch wert.
Geschichte: 1995 eröffnet und seitdem eines der beliebtesten Hotels in Paris. Besonders erfreulich ist, dass in jedem Zimmer zwei vom Besitzer persönlich ausgesuchte Bücher von TASCHEN liegen.

Jean-Louis Costes s'est fait un nom en ouvrant en 1984 aux Halles le Café Costes – ce lieu décoré par Philippe Starck a été le plus branché de la décennie. Son Café Marly, au Louvre, est devenu lui aussi un endroit tendance et, en 1997, il a transformé le France et Choiseul Hôtel tombé en désuétude en Hôtel Costes. Le magnifique bâtiment situé dans la rue Saint-Honoré a été décoré par Jacques Garcia. Ses meubles capitonnés de velours épais pourpre, violet et noir lui donnent l'air d'un somptueux lupanar, impression que renforcent les lumières tamisées, le parfum enivrant des bougies créées spécialement pour l'hôtel et la musique d'ambiance. Avec son bar très prisé et son restaurant dans l'atrium, il est surtout le rendez-vous des gens de la mode pendant les week-ends. Les chambres sont si sombres qu'on ne peut guère y travailler, mais elles sont parfaites pour ceux qui désirent passer un week-end romantique. Le spa de l'hôtel offre une piscine de 18 m réservée aux clients de l'hôtel.

Prix : Chambre simple à partir de 400 €, chambre double à partir de 550 €, petit-déjeuner 32 €.
Chambres : 82 chambres, 3 suites, 1 appartement.
Restauration : Le restaurant offre le midi et le soir des plats légers et exquis ; le bar vaut la visite le soir, ne serait-ce que pour regarder le public.
Histoire : Ouvert en 1995, c'est l'un des hôtels les plus prisés de Paris. Détail réjouissant : chaque chambre abrite deux livres de TASCHEN personnellement sélectionnés par le propriétaire.

costes

HOTEL REGINA

Hôtel Regina

2, Place des Pyramides, 75001 Paris
☏ +33 1 42 60 31 10 🗋 +33 1 40 15 95 16
reservation@ -hotel.com
www.regina-hotel.com
Métro: Tuileries

Long is the list of films made in Hôtel Regina. Directors such as Claude Chabrol, André Téchiné and Luc Besson chose the hotel as a back-drop for their films; stars like Romy Schneider, Jane Birkin, Charlotte Rampling, Alain Delon and Jeremy Irons stood in front of the cameras here. And all because of the perfectly preserved Belle-Époque interior and the Parisian charm of the hotel. The Regina, overlooking the Tuileries and beyond to the Eiffel Tower, was opened in 1900 for the World's Fair and has kept its façade in unadulterated Second-Empire style. Although the building has been restored frequently, the floor plan for the rooms and the character of the hotel never changed. All the rooms have period furniture with a typically French brass bed in each. Further attractions are the Louis Majorelle Art Nouveau mosaics around the fireplace in the restaurant. Should you need a break from the Parisian fin de siècle, just enter the comfortable, wood-panelled Bar Anglais to feel at home in Victorian England.

Rates: Single and double rooms from 210 €, suites from 390 €, breakfast from 23 €.
Rooms: 35 classic rooms, 35 superior rooms, 30 deluxe rooms, 7 junior suites, 13 suites.
Restaurants: The Lounge Club serves hot food from midday–midnight. In the warm season, you can enjoy your meal outside in the Cour Jardin. There is also a Bar Anglais, which serves light meals, and a Salon de Thé.
History: A fine example of Parisian Art Nouveau.

Die Liste der Filme, die im Hôtel Regina gedreht wurden, ist lang. Regisseure wie Claude Chabrol, André Téchiné und Luc Besson machten das Hotel zur Kulisse; Schauspieler wie Romy Schneider, Jane Birkin, Charlotte Rampling, Alain Delon und Jeremy Irons standen hier vor der Kamera. Zu verdanken ist das dem vollständig erhaltenen Belle-Époque-Interieur und dem Pariser Charme des Hotels. Das Regina mit Blick über die Tuilerien bis zum Eiffelturm wurde 1900 zur Weltausstellung eröffnet. Zwar wurde das Haus immer wieder renoviert, doch die Grundrisse der Zimmer und der Charakter des Hotels wurden dabei nie zerstört. Alle Zimmer sind mit antiken Möbeln ausgestattet, jedes hat die typisch französischen Messingbetten. Weitere Höhepunkte sind die Jugendstil-Mosaike von Louis Majorelle um den Kamin im Restaurant. Wer vom Pariser Fin de Siècle eine kleine Verschnaufpause braucht, der geht einfach in die gemütliche, holzvertäfelte Bar Anglais, wo man sich im viktorianischen England wähnt.

Elle est longue la liste des films tournés à l'Hôtel Regina qui a vu passer Claude Chabrol, André Téchiné et Luc Besson ; Romy Schneider, Jane Birkin, Charlotte Rampling, Alain Delon et Jeremy Irons ont évolué ici devant la caméra. Il faut dire que l'hôtel offre un superbe décor Belle Époque parfaitement conservé et un charme très parisien. Ouvert en 1900 à l'occasion de l'Exposition universelle, le Regina offre une vue imprenable sur les Tuileries jusqu'à la Tour Eiffel. Sa façade Second Empire n'a subi aucun changement et on a veillé au cours des rénovations à ne pas détruire les plans des chambres et le caractère de l'hôtel. Toutes les chambres abritent des meubles anciens et des lits en laiton typiquement français. Un beau détail : les mosaïques Art nouveau de Louis Majorelle autour de la cheminée du restaurant. Celui qui veut quitter un moment l'ambiance fin de siècle parisienne peut s'installer dans le confortable Bar Anglais lambrissé et se retrouve instantanément dans l'Angleterre victorienne.

Preise: Einzel-/Doppelzimmer ab 210 €, Suite ab 390 €, Frühstück ab 23 €.
Zimmer: 35 Klassik-Zimmer, 35 Superior-Zimmer, 30 Deluxe-Zimmer, 7 Junior-Suiten und 13 Suiten.
Restaurants: Der Lounge Club bietet von 12–24 Uhr warme Küche, bei schönem Wetter wird auch im Cour Jardin serviert. Außerdem hat das Hotel eine Bar Anglais, in der man auch leichte Gerichte zu sich nehmen kann, sowie einen Salon de thé.
Geschichte: Bis heute ein Beispiel für den Pariser Art nouveau.

Prix : Chambre simple ou double à partir de 210 €, suite à partir de 390 €, petit-déjeuner à partir de 23 €.
Chambres : 35 chambres classiques, 35 chambres supérieures, 30 chambres luxueuses, 7 junior suites et 13 suites.
Restauration : Le Lounge Club offre des plats chauds de 12h–24h, on sert aussi dans la cour-jardin quand il fait beau. L'hôtel possède en outre un Bar Anglais qui propose des repas légers et un salon de thé.
Histoire : Un exemple de l'Art nouveau parisien.

REGINA
HOTEL REGINA
HOTEL REGINA
HOTEL REGINA
HOTEL REGINA
HOTEL REGINA
REG
HOTEL REGINA

RESTAURANT

119

Four Seasons Hotel George V

31, Avenue George V, 75008 Paris
☏ +33 1 49 52 70 00 ▯ +33 1 49 52 70 10
reservation.paris@fourseasons.com
www.fourseasons.com
Métro: George V

The George V belongs to an Arabian Prince, is managed by Four Seasons and is considered the group's flagship hotel worldwide. After a complete renovation with loving attention to detail, it was reopened in 1999 with fewer but more spacious rooms – the spirit of French luxury has been revived. The enormous lobby with its tremendous crystal chandelier is an impressive central feature. The antique gilded furniture, the huge 17th-century tapestries and the highly polished marble are just amazing. Jeff Leatham's floral design provides an extravagant contrast. Take a cup of tea in La Galerie in the afternoon and enjoy the view of the attractive courtyard. In the evening, dinner is taken in the restaurant Le Cinq, which has been awarded two Michelin stars. My favourite place at all times of the day, however, is Le Bar, with its perfect service. The spa is small but excellent. In fact, the George V is one of the top addresses in the city and one of the finest hotels in the world.

Rates: Single and double rooms from 850 € without breakfast. Tip: ask about packages with reduced rates as new arrangements are constantly on offer.
Rooms: 185 rooms and 60 suites.
Restaurants: The restaurant Le Cinq is one of the best gourmet locations in the city. Also excellent: the Marble Courtyard, where you can have lunch or drink, La Galerie (breakfast, lunch, dinner, tea and pastries for the epicure!) and Le Bar.
History: An extremely elegant city mansion, built in 1928.

Das George V gehört einem arabischen Prinzen, wird von Four Seasons gemanagt und gilt weltweit als eines der Flaggschiffe der Gruppe. Nach einer Rundumrenovierung mit Liebe zum Detail wurde es 1999 mit weniger, dafür aber größeren Zimmern wieder eröffnet – der Geist des französischen Luxus ist dabei neu erweckt worden. Ein beeindruckendes Schmuckstück ist die gigantische Lobby mit ihren enormen Kristallleuchtern, den antiken vergoldeten Möbeln, den riesigen Gobelins und den auf Hochglanz polierten Marmorflächen. Extravagante Kontrapunkte setzt das Floraldesign von Jeff Leatham. Am Nachmittag sollte man einen Tee auf La Galerie nehmen, abends wird im mit zwei Michelin-Sternen gekrönten Restaurant Le Cinq gespeist. Mein Lieblingsort ist allerdings zu allen Stunden des Tages die Bar mit perfektem Service. Das Spa ist klein, aber äußerst fein – überhaupt zählt das George V zu den Top-Adressen der Stadt und ist eines der besten Hotels der Welt.

Le George V appartient à un prince arabe et fait partie du groupe Four Seasons dont il est l'un des fleurons. Après avoir subi une rénovation complète qui montre un grand amour du détail, il a été rouvert en 1999 – il abrite maintenant moins de chambres mais elles sont plus spacieuses. On redécouvre ici l'art de vivre à la française. Le hall gigantesque doté d'immenses lustres en cristal est un joyau impressionnant ; les meubles dorés anciens, les tapisseries 17e et les sols de marbre poli sont eux aussi admirables. Les compositions florales de Jeff Leatham posent en ces lieux un contrepoint extravagant. L'après-midi il faut prendre le thé à La Galerie et admirer la vue sur la cour. Le dîner peut être pris au restaurant Le Cinq, deux étoiles au Michelin. Mais Le Bar et son service parfait est mon favori à toute heure du jour. Le spa est petit mais extrêmement raffiné. En bref, le George V est l'une des meilleures adresses de la ville et l'un des meilleurs hôtels de la planète.

Preise: Einzel-/Doppelzimmer ab 850 € ohne Frühstück.
Mein Tipp: Nach preiswerteren Packages fragen, es werden immer wieder neue angeboten.
Zimmer: 185 Zimmer und 60 Suiten.
Restaurants: Das Restaurant Le Cinq ist eine der besten Gourmetadressen der Stadt. Ebenso erstklassig: der Marble Courtyard, in dem man lunchen oder etwas trinken kann, La Galerie (Frühstück, Mittag- und Abendessen, Tee, Kaffee) und Le Bar.
Geschichte: Ein überaus elegantes Stadtpalais, 1928 erbaut.

Prix : Chambre simple/double à partir de 850 € sans petit-déjeuner. Se renseigner sur les packages, il y en a sans cesse de nouveaux.
Chambres : 185 chambres et 60 suites.
Restauration : Le restaurant Le Cinq est l'une des meilleures adresses gourmandes en ville. Excellents aussi, le Marble Courtyard, où vous pourrez déjeuner ou prendre un verre, La Galerie (petit-déjeuner, déjeuner, dîner, thé et pâtisseries pour les fins gourmets) et Le Bar.
Histoire : Un palace construit en 1928.

GEORGE V
PARIS

Pershing Hall

49, rue Pierre Charron, 75008 Paris
☎ +33 1 58 36 58 00 ▯ +33 1 58 36 58 01
info@pershinghall.com
www.pershinghall.com
Métro: George V/Franklin-D. Roosevelt

Pershing Hall is located behind a classical façade in the "golden triangle" between the Champs-Élysées, Avenue Montaigne and Avenue George V. Andrée Putman designed the rooms in 2001. These are altogether chic, in non-colours such as off-white, muddy grey and aubergine. Additional soft lighting and accessories, such as two-winged mirrors, create a very pleasant atmosphere. The lounge and the restaurant on the patio have been given a Mediterranean atmosphere by designer Imaad Rahmouni, who was born in Algeria: these areas are kept in red shades and decorated with bead curtains, silk cushions and Murano glass lamps. Everyone who is anyone in Paris meets here for a drink or for dinner, and for a view of the over 30-metre-high vertical garden in the inner courtyard. This green oasis is the work of Patrick Blanc, who even had plants broughts to Paris from the Philippines and the Himalayas. The ambience is particularly nice in summer, when the roof over the courtyard is opened to reveal the sky above the city.

Rates: Single and double rooms from 490 €, suites from 780 € (incl. breakfast).
Rooms: 16 rooms and 10 suites.
Restaurants: The restaurant changes the menu weekly; it includes French dishes and specialities from all over the world. The lounge, which has a DJ in the evenings, stocks a large selection of champagnes.
History: The city palace was built in the late 18th century. General Pershing, to whom the hotel owes its name, was billeted here in 1917.

Im "Goldenen Dreieck" zwischen den Champs-Elysées, der Avenue Montaigne und der Avenue George V verbirgt sich das Pershing Hall hinter einer klassischen Fassade. Andrée Putman gestaltete die Zimmer 2001 sehr chic in Nicht-Farben wie Off-white, Schlammgrau und Aubergine – weiches Licht und Accessoires wie zweiflügelige Spiegel geben den Räumen eine angenehme Atmosphäre. Der Lounge sowie dem Restaurant im Patio verlieh der in Algerien geborene Designer Imaad Rahmouni 2005 südliches Flair: Er stattete die Bereiche in Rottönen und mit Perlenvorhängen, Seidenkissen sowie Lampen aus Muranoglas aus. Hier trifft sich "tout Paris" auf einen Drink oder zum Dinner und genießt den Blick auf den mehr als 30 Meter hohen vertikalen Garten im Innenhof. Die grüne Oase ist ein Werk von Patrick Blanc, der dafür sogar Pflanzen von den Philippinen und aus dem Himalaja nach Paris bringen ließ. Besonders schön ist die Stimmung im Sommer, wenn das Dach über dem Hof zurückgefahren wird und man in den Himmel über der Stadt schaut.

Situé dans le « triangle d'or » entre les Champs-Élysées, l'Avenue Montaigne et l'Avenue George V, le Pershing Hall se dissimule sous une façade classique. En 2001, Andrée Putman a donné aux chambres une note très chic en utilisant le blanc cassé, le gris taupe et l'aubergine ; non-coleurs qui génèrent avec la lumière indirecte et des accessoires comme les miroirs à deux volets une atmosphère reposante. En 2005, à l'aide de tons de rouge, de rideaux de perles, de coussins de soie et de lampes en verre de Murano, le designer d'origine algérienne Imaad Rahmouni a créé une ambiance méditerranéenne dans le foyer et dans le restaurant situé dans le patio. Le Tout-Paris'y retrouve pour boire un verre ou dîner tout en jouissant de la vue sur le jardin vertical haut de 30 mètres dans la cour intérieure. Ce mur de verdure est l'œuvre de Patrick Blanc. En été, l'ambiance est trés agréable quand la verrière surplombant voit la cour est ouverte et que l'on voit le ciel au-dessus de la ville.

Preise: Einzel-/Doppelzimmer ab 490 €, Suite ab 780 € (mit Frühstück).
Zimmer: 16 Zimmer und 10 Suiten.
Restaurants: Das wöchentlich wechselnde Menü im Restaurant umfasst französische Gerichte sowie saisonale Spezialitäten aus aller Welt. Die Lounge, in der abends ein DJ auflegt, bietet eine große Champagnerauswahl.
Geschichte: Erbaut wurde das Stadtpalais Ende des 18. Jahrhunderts. 1917 bezog General Pershing hier Quartier; ihm verdankt das Hotel seinen Namen.

Prix : Chambre simple/double à partir de 490 €, suite à partir de 780 € (petit-déjeuner compris).
Chambres : 16 chambres et 10 suites.
Restauration : La carte qui varie chaque semaine fait la part belle à la gastronomie française tout en offrant au gré des saisons des spécialités du monde entier. Le bar-lounge, animé le soir par un DJ, offre de nombreuses marques de champagne.
Histoire : L'hôtel particulier a été construit à la fin du XVIIIe siècle. Le général Pershing en a fait son quartier général en 1917 ; l'hôtel lui doit son nom.

pershing

Trocadéro Dokhan's

117, rue Lauriston, 75116 Paris
☎ +33 1 53 65 66 99 ▯ +33 1 53 65 66 88
reservations.dokhans@radissonblu.com
www.radissonblu.com
Métro: Boissière

This is truly an hôtel très particulier, on a corner in the middle of the elegant 16th Arrondissement, looking very much like a French version of the New York Flatiron Building. The decorator Frédéric Méchiche designed the interior more as a private mansion than a hotel. Entering the semi-circular lobby, hung with original drawings by Picasso and Matisse, you could almost imagine you were visiting friends. In the neo-classical salon, illuminated by candles in the late afternoon, you will find the Champagne Bar. Every day a different rare make of champagne is served, one which is not otherwise available on the market. Another delightful detail is the small lift in the hotel, made out of a huge Louis Vuitton steamer trunk, so you feel what it is like to stand in one of these famous pieces of luggage. The rooms are impeccably designed, with hand-painted black-and-white striped wallpaper in the rooms, matching bed covers and carpets, as well as black-and-white tiled bathrooms.

Rates: Single and double rooms from 410 €, suites from 850 €, breakfast 27 €.
Rooms: 41 rooms and 4 suites.
Restaurants: Experience the fine art de vivre at the start of the day with tables laid with white linen and silver cutlery. In the evening visit the wonderful Champagne Bar.
History: A private town house has been turned into a stylish city hotel of the highest quality. Opened in 1998.

Dies ist ein wirkliches „hôtel très particulier", mitten im noblen 16. Arrondissement, es erinnert an eine französische Version des Flatiron Buildings in New York. So hat der Designer Frédéric Méchiche das Innenleben als Privatpalais entworfen – wer die halbrunde Lobby betritt, könnte fast glauben, bei Bekannten zu Gast zu sein. Die Lobby zieren sogar originale Zeichnungen von Picasso und Matisse. Im klassizistischen Salon, der ab dem späten Nachmittag mit Kerzen beleuchtet wird, befindet sich die Champagner-Bar. Dort bekommt man jeden Tag eine andere seltene Sorte, die sonst nicht im Handel ist. Ein weiteres charmantes Detail ist der kleine Aufzug des Hotels, der aus einem riesigen Louis-Vuitton-Schrankkoffer entstanden ist; so hat man das Erlebnis, in einem dieser berühmten Gepäckstücke gestanden zu haben. In den Zimmern gibt es handgemalte Tapeten mit schwarz-weißen Streifen, passende Bettüberwürfe und Teppiche sowie schwarz-weiß gekachelte Badezimmer, alles sehr subtil zusammengestellt.

La silhouette de cet hôtel qui se dresse au cœur du prestigieux 16e arrondissement fait songer au Flatiron Building de New York. L'intérieur, conçu par le designer Frédéric Méchiche, évoque davantage une résidence privée qu'un hôtel, et celui qui pénètre dans le hall en demi-lune décoré de dessins originaux de Picasso et Matisse, a presque l'impression de rendre visite à des connaissances. Le bar à champagne se trouve dans le salon néoclassique qui est éclairé par des bougies dès la fin de l'après-midi. Chaque jour, on y organise des soirées dégustations proposant des maisons que l'on ne trouve pas dans le commerce. Un autre détail charmant est le petit ascenseur de l'hôtel tapissé de toiles Vuitton – on a vraiment l'impression d'être transporté dans la célèbre malle de voyage. Les chambres sont tapissées de papier à rayures blanches et noires peint à la main, avec couvre-lits et moquettes assortis ; les salles de bains sont carrelées en blanc et noir. L'ensemble est sobre et raffiné.

Preise: Einzel-/Doppelzimmer ab 410 €, Suite ab 850 €, Früh-stück 27 €.
Zimmer: 41 Zimmer und 4 Suiten.
Restaurants: Morgens beginnt die „art de vivre" mit weißem Leinen und Silberbesteck gedeckten Tischen, abends kann man sich der herrlichen Champagner-Bar zuwenden.
Geschichte: Aus einem privaten Stadthaus wurde ein stilvolles Stadthotel für höchste Ansprüche. Eröffnung war 1998.

Prix : Chambre simple/double à partir de 410 €, suite à partir de 850 €, petit-déjeuner 27 €.
Chambres : 41 chambres et 4 suites.
Restauration : Le matin, les tables sont garnies de lin blanc et de couverts en argent, le soir rendez-vous au merveilleux Champagne Bar.
Histoire : Hôtel particulier transformé en établissement destiné à une clientèle des plus exigeantes. Il a été ouvert en 1998.

DAVID BAILEY
CHANEL

RM
35

Le Royal Monceau

37, Avenue Hoche, 75008 Paris
☏ +33 1 42 99 88 00
bookus.paris@raffles.com
www.leroyalmonceau.com
Métro: Charles de Gaulle - Étoile

This 5-star hotel, which opened its doors for the first time in the 1930s, managed to maintain its sumptuous charm until the 1990s. Designer Philippe Starck was commissioned to undertake a major refurbishment of the building which was completed in 2010. The Royal Monceau is now fit for the contemporary world as well. Large wall mirrors were introduced to rooms, ensuring more light and space. Casually positioned acoustic guitars are reminders of the 60s, when city centre neighbourhoods were home to the bohemian world. Earthy tones have been kept in the foyer, but then give way to airiness and natural light, in the open design of La Cuisine restaurant for instance, where breakfast is also served. Help yourself to the croissants and brioches – all the sweet items in general – as the Royal Monceau's supplier is Pierre Hermé, regarded as one of the most highly-skilled pastry chefs in the world.

Rates: Rooms 750 € / suites from 1,250 €.
Rooms: 85 rooms, 61 suites, 3 Presidential suites.
Restaurants: La Cuisine and Il Carpaccio each boast one Michelin star. Le Bar Long and the Terrace Garden located in the inner courtyard serve snacks such as vegan burgers and are ideal for meetings or afternoon tea. Smoking is permitted in the Viñales Cigar Lounge. Great bookstore!
History: One of the top hotels in Paris.

Das mit fünf Sternen ausgezeichnete Hotel wurde erstmals in den 1930er-Jahren eröffnet und konnte seinen luxuriösen Charme bis in die 1990er-Jahre bewahren. Der Designer Philippe Starck wurde mit einer Generalüberholung des Hauses beauftragt, die 2010 abgeschlossen wurde. Jetzt passt das Royal Monceau auch in die neue Zeit. In den Zimmern wurden Wandverspiegelungen eingeführt, die für Licht und Weite sorgen. Lässig angelehnte akustische Gitarren erinnern an die Zeit der 1960er-Jahre, als noch die Boheme in den Vierteln der Stadtmitte hauste. Die Lobby ist in erdigen Tönen gehalten, aber darauf folgen wieder Luftigkeit und natürliches Licht, beispielsweise im offen gestalteten Restaurant La Cuisine, in dem auch das Frühstück serviert wird. Greifen Sie bei den Croissants und Brioche zu, generell bei sämtlichen Süßspeisen – das Royal Monceau wird von Pierre Hermé beliefert. Er gilt als der kunstfertigste Konditor der Welt.

L'hôtel cinq étoiles a ouvert pour la première fois dans les années trente et a su conserver son charme fastueux jusque dans les années quatre-vingt-dix. Le designer Philippe Starck a ensuite été chargé d'une révision complète de l'établissement, achevée en 2010. Le Royal Monceau est désormais adapté à l'époque nouvelle. Les murs des chambres ont été tapissés de miroirs qui apportent lumière et espace. Des guitares acoustiques négligemment appuyées au mur rappellent les années soixante, lorsque l'esprit bohême habitait encore les quartiers du Centre de Paris. Le hall conserve des tons de terre, mais plus haut, la légèreté et la lumière naturelle dominent, notamment dans le restaurant La Cuisine de conception très ouverte, où est aussi servi le petit-déjeuner. Servez-vous sans modération des croissants et brioches, et plus généralement de tous les desserts – le fournisseur du Royal Monceau est Pierre Hermé. Il est considéré comme le plus accompli des pâtissiers du monde entier.

Preise: Zimmer 750 € / Suite ab 1.250 Euro €.
Zimmer: 85 Zimmer, 61 Suiten, 3 Präsidentensuiten.
Restaurants: La Cuisine und Carpaccio sind jeweils mit einem Michelin-Stern ausgezeichnet. Le Bar Long und der Terrace Garden im Innenhof servieren Kleinigkeiten wie vegane Burger und sind für Meetings oder Teestunde geeignet. In der Viñales Cigar Lounge darf gequalmt werden. Schöne Bibliothek!
Geschichte: Gehört zu den Hotels der ersten Stunde in Paris.

Prix : Chambres 750 €/ suite à partir de 1250 €.
Chambres : 85 chambres, 61 suites, 3 suites présidentielles.
Restauration : La Cuisine et Il Carpaccio possèdent chacun une étoile au Michelin. Le Bar Long et le Jardin terrasse, dans la cour intérieure, servent des en-cas tels que burgers végétaliens et conviennent aux réunions ou à l'heure du thé. Dans le club cigare Viñales, vous avez le droit de fumer et d'enfumer. Belle bibliothèque !
Histoire : Compte parmi les premiers hôtels de Paris.

HOTEL
Eldorado
18
HOTEL

Hôtel Eldorado

18, rue des Dames, 75017 Paris
☏ +33 1 45 22 35 21 +33 1 43 87 25 97
eldoradohotel@wanadoo.fr
www.eldoradohotel.fr
Métro: Place de Clichy

Once a maison de rendez-vous, now a typical hôtel de charme, this is an excellent alternative to the shabby and over-priced would-be hotels in Montmartre and Pigalle. The Hôtel Eldorado has a pleasant atmosphere, is very reasonably priced and is located in a small garden in a picturesque street – reserve one of the quiet rooms overlooking the green courtyard, if possible. All 33 rooms are furnished differently. The proprietor has put her souvenirs from all over the world on display, for example, bedspreads from Africa or kitsch postcards from China. Stay here and you will enjoy a relaxed ambience, will be looked after as one of the family and, if you are lucky, you might meet the neighbours, who get together for a glass of wine in the garden if the weather is fine. The Eldorado also has a small bistro, but the hotel is equipped quite simply. Even if there is no hairdryer in the bathroom (bring your own), and no television in the rooms (not necessary in Paris), you can still have a lot of fun.

Rates: Single rooms from 60 €, double rooms from 76 €, breakfast from 9 €.
Rooms: 33 rooms, all differently furnished.
Restaurants: Simple French cuisine on the menu, or on the blackboard, in the Bistro des Dames. Burgundy wine from small domains is drunk in the Bar à vin, or in the hotel garden.
History: Your stay here will be as if with friends, in an idyllic area, yet near to Montmartre and Pigalle.

Aus einer ehemaligen „maison de rendez-vous" ist ein typisches „hôtel de charme" geworden – eine wunderbare Alternative zu den schäbigen und dafür zu teuren Möchtegernhotels von Montmartre und Pigalle. Das Eldorado Hotel hat viel Atmosphäre, ist äußerst preiswert und liegt dazu noch in einem kleinen Garten (wenn möglich, eines der ruhigen Zimmer zum grünen Innenhof reservieren) in einer pittoresken Straße. Alle 33 Zimmer sind unterschiedlich eingerichtet. Die Besitzerin hat Souvenirs von ihren Reisen in alle Ecken der Welt in Szene gesetzt – zum Beispiel Tagesdecken aus Afrika oder Kitschpostkarten aus China. Wer hier wohnt, wird familiär umsorgt und lernt mit etwas Glück die Nachbarn kennen, die sich bei schönem Wetter auf ein Glas Wein im Garten treffen. Zum Eldorado gehört auch ein kleines Bistro – ansonsten ist das Haus eher einfach eingerichtet. In den Bädern gibt es keinen Haarfön (kann man selbst mitbringen) und in den Zimmern keinen Fernseher (braucht man in Paris nicht), dafür aber jede Menge Spaß.

Une ancienne « maison de rendez-vous » transformée en hôtel de charme. Cela nous change agréablement des hôtels snobs et chers mais médiocres. L'Hôtel Eldorado a de l'atmosphère à revendre, est très bon marché et se trouve en « pleine campagne » (si possible réserver une chambre donnant sur la cour intérieure verte) dans une rue pittoresque. Aucune chambre n'est semblable à l'autre. La propriétaire a rapporté des souvenirs de tous ses voyages et les a mis en scène – par exemple des couvre-lits africains ou des cartes postales kitsch chinoises. Celui qui séjourne ici savoure l'ambiance légère et conviviale et, avec un peu de chance, il fait la connaissance de ses voisins qui s'asseyent dans le jardin avec un verre de vin dès que le temps le permet. L'Eldorado possède aussi un petit bistro. La maison est aménagée plutôt simplement, la salle de bains n'est pas équipée d'un sèche-cheveux et les chambres n'ont pas de télévision ; qu'importe : le plaisir est ici garanti.

Preise: Einzelzimmer ab 60 €, Doppelzimmer ab 76 €, Frühstück 9 €.
Zimmer: 33 Zimmer, die alle unterschiedlich eingerichtet sind.
Restaurants: Im Bistro des Dames steht einfache französische Küche auf der Karte bzw. auf der Kreidetafel. Burgunder von kleinen Gütern trinkt man in der Bar à vin oder im hoteleigenen Garten.
Geschichte: Wohnen wie bei Freunden – in idyllischer Lage und doch nahe an Montmartre und Pigalle.

Prix : Chambre simple à partir de 60 €, chambre double à partir de 76 €, petit-déjeuner 9 €.
Chambres : 33 chambres, toutes meublées différemment.
Restauration : Cuisine traditionnelle et simple au Bistro des Dames ; plats à la carte ou sur l'ardoise. Dans le jardin ou dans le bar à vin, on boit le bourgogne de petits producteurs.
Histoire : Habiter comme chez des amis, dans un cadre idyllique, et tout près de Montmartre et Pigalle.

HOTEL
RÉCEPTION

Pavillon de la Reine

28, Place des Vosges, 75003 Paris
☎ +33 1 40 29 19 19 ⎕ +33 1 40 29 19 20
contact@pavillon-de-la-reine.com
www.pavillon-de-la-reine.com
Métro: Chemin Vert/Bastille

Place des Vosges, created by Henry IV, is still the most beautiful square in Paris, large but somehow intimate. Madame de Sévigné strolled here, as did Racine, Molière and, of course, Victor Hugo, who lived in house number 6 (today the site of the Hugo Museum). The Pavillon de la Reine transports the visitor into former times – the romantic vine-covered hotel is tucked away in an idyllic green courtyard planted with red geraniums. The rooms are discreetly furnished in country style, and many still have the old ceiling beams from the 17th century. The lobby with its huge fireplace is especially cosy, and there is the fragrant smell of burning fir logs and you can also relax at the Spa de la Reine. The rooms are all decorated in different colours, such as red and ochre, pink and white or pale yellow, with special extras such as big mirrors, antique escritoires and iron-hinged chests. Only breakfast is served in the Pavillon de la Reine, but the Marais has such a plethora of restaurants that it is very difficult to decide on one.

Rates: Single and double rooms from 385 €, suites from 550 €, breakfast from 35 €.
Rooms: 38 rooms and 16 suites.
Restaurants: There is an unusually large choice for petit déjeuner by Paris standards. In the salon bibliothèque and the salon cheminée visitors can order a continental breakfast or help themselves at the buffet.
History: The old part of the building originated in 1612. Excellent location.

Die von Heinrich IV. angelegte Place des Vosges ist nach wie vor der schönste Platz von Paris – mit Größe und gleichzeitig intimer Atmosphäre. Hier flanierten Madame de Sévigné, Racine, Molière und natürlich Victor Hugo, der im Haus mit der Nummer 6 wohnte (dort ist heute das Hugo-Museum untergebracht). Der Pavillon de la Reine versetzt Besucher wieder in alte Zeiten – das romantische Hotel steht zurückversetzt in einem idyllischen grünen Innenhof, ist mit roten Geranien geschmückt und von wildem Wein umrankt. Hier wohnt man in dezent im Landhausstil eingerichteten Räumen, von denen viele noch die alten Deckenbalken aus dem 17. Jahrhundert haben. Besonders die Lobby mit ihren riesigen Kaminen ist urgemütlich. Außerdem kann man im Spa de la Reine entspannen. Die Zimmer sind in unter-schiedlichen Farben gehalten und bieten Extras wie große Spiegel, antike Sekretäre und eisenbeschlagene Truhen. Im Pavillon de la Reine kann man nur frühstücken, doch das Marais bietet so viele Restaurants, dass einem die Wahl fast schwerfällt.

C'est Henri IV qui décida de construire la Place des Vosges achevée en 1612. Madame de Sévigné, Racine et Molière se promenaient déjà sur cette place, à la fois spacieuse et intime, qui est restée la plus belle de Paris. Victor Hugo résida plus de seize ans au numéro 6 – il abrite aujourd'hui le musée qui lui est consacré. Le Pavillon de la Reine invite à la vie de château. Avec sa façade fleurie de géraniums et recouverte de vigne vierge, l'hôtel se dresse dans une cour verdoyante qui l'isole de la place et de son agitation. À l'intérieur, les pièces ont souvent conservé les poutres originales du 17e siècle, et sont aménagées comme dans un manoir. La réception et sa cheminée imposante où crépite un feu de sapin odorant est particulièrement accueillante. Vous pourrez aussi vous détendre au Spa de la Reine. Les chambres offrent des teintes diverses, rouge et ocre, rose et blanc ou jaune clair et sont garnies de grands miroirs, de secrétaires anciens et de coffres ferrés. Le Pavillon de la Reine n'offre que le petit-déjeuner, mais les bons restaurants sont nombreux au Marais.

Preise: Einzel-/Doppelzimmer ab 385 €, Suite ab 550 €, Frühstück ab 35 €.
Zimmer: 38 Zimmer und 16 Suiten.
Restaurants: Beim „petit déjeuner" ist die Auswahl größer als sonst in Paris üblich – man kann kontinentales Frühstück bestellen oder sich am Buffet bedienen.
Geschichte: Der alte Gebäudeteil stammt aus dem Jahr 1612. Erstklassige Lage.

Prix : Chambre simple/double à partir de 385 €, suite à partir de 550 €, petit-déjeuner à partir de 35 €.
Chambres : 38 chambres et 16 suites.
Restauration : Le petit-déjeuner est servi dans un joli salon bibliothèque et le salon-cheminée décoré de tapisseries. On peut se servir au buffet ou commander un petit-déjeuner continental.
Histoire : L'ancienne partie du bâtiment date de 1612. Au cœur du Marais.

PAVILLON DE LA REINE
HOTEL

HOTEL
19

Hôtel Bourg Tibourg

19, rue du Bourg-Tibourg, 75004 Paris
☎ +33 1 42 78 47 39   🖷 +33 1 40 29 07 00
hotel@bourgtibourg.com
www.bourgtibourg.com
Métro: Hôtel de Ville/St-Paul

The Hôtel Bourg Tibourg belongs to the niece of Jean-Louis Costes (Hôtel Costes) and so it is not surprising that we can recognize Jacques Garcia's signature in the interior design. At first the rooms appear quite small and dimly lit, but looking more closely, we can see the mixture of colours, materials and styles that makes the hotel a small gem. Bordeaux-red glows next to mauve, delicate silk cushions gleam next to heavy velvet curtains, French romantic jostles with neo-Gothic furniture and oriental accessories. My tip is the room on the top floor, facing the street, which has a small balcony for breakfast and from which you enjoy a magnificent view over the roofs of Paris. The petit déjeuner is a special insider tip – home-made jam, jars of yogurt, fresh fruit and the best croissants in Paris. A further major advantage: the hotel is ideally located for getting to places of interest, such as the Musée Picasso and the Centre Pompidou.

Rates: Single rooms from 200 €, double rooms from 270 €, deluxe rooms from 300 €, suites 380 €, breakfast 16 €.
Rooms: 29 rooms and 1 suite.
Restaurants: The hotel provides only breakfast. There are many bistros and restaurants in the immediate neighbourhood.
History: Opened 2002 and a stylish place to take note of.

Das Hôtel Bourg Tibourg gehört der Nichte von Jean-Louis Costes (Hôtel Costes), und so ist es kein Wunder, dass das Interieur auch hier die Handschrift von Jacques Garcia trägt. Auf den ersten Blick sind die Zimmer recht klein und schummrig, doch wer genauer hinsieht, erkennt eine Mischung aus Farben, Materialien und Stilen, die das Haus zu einem kleinen Juwel macht: Da leuchtet Bordeauxrot neben Violett, feine Seidenkissen glänzen neben schweren Samtvorhängen, französische Romantik trifft auf neogotische Möbel und orientalische Accessoires. Mein Lieblingszimmer ist der Raum, der in den oberen Etagen zur Straße liegt und ein Balkönchen zum Frühstücken hat, von dem man einen herrlichen Blick über die Dächer von Paris genießt. Das „petit déjeuner" ist ein kleiner Geheimtipp – dank hausgemachter Marmelade, Joghurt im Glas, frischen Früchten und den besten Croissants von Paris. Ein weiteres großes Plus: Das Hotel ist perfekt zu Sehenswürdigkeiten wie dem Musée Picasso und dem Centre Pompidou gelegen.

L'Hôtel Bourg Tibourg appartient à la nièce de Jean-Louis Costes (Hôtel Costes), et la décoration intérieure porte ici aussi la griffe de Jacques Garcia. Si les chambres semblent peu spacieuses et sombres au premier coup d'œil, on remarque rapidement le mariage de couleurs, de matières et de styles qui transforme la maison en un petit bijou : le bordeaux chatoie à côté du violet, des coussins de soie raffinés côtoient les lourds rideaux de velours, le romantique à la française fait bon ménage avec des meubles néogothiques et des accessoires orientaux. À l'étage, il y a une chambre qui donne sur la rue et possède un petit balcon où l'on peut prendre son petit-déjeuner en laissant son regard flâner avec délices sur les toits de Paris. Quant au petit-déjeuner : exquise confiture maison, yaourt en petit bocal, fruits frais et les meilleurs croissants de Paris – vous voici dans le secret. Autre avantage de taille : l'hôtel est situé à proximité du Musée Picasso, du Centre Pompidou et du Musée Carnavalet.

Preise: Einzelzimmer ab 200 €, Doppelzimmer ab 270 €, Deluxe-Zimmer ab 300 €, Suite 380 €, Frühstück 16 €.
Zimmer: 29 Zimmer und 1 Suite.
Restaurants: Das Hotel serviert nur Frühstück. In der unmittelbaren Umgebung gibt es zahlreiche Bistros und Restaurants.
Geschichte: 2002 eröffnet. Eine stilvolle Adresse, die man sich merken sollte.

Prix : Chambre simple à partir de 200 €, chambre double à partir de 270 €, chambre luxueuse à partir de 300 €, suite 380 €, petit-déjeuner 16 €.
Chambres : 29 chambres et 1 suite.
Restauration : Petit-déjeuner uniquement. Mais de nombreux bistros et restaurants se trouvent à proximité.
Histoire : Hôtel de charme ouvert en 2002, une adresse à retenir.

HOTEL 19
CHAMBRE .5 variante et 64
DECORATION JACQUES GARCIA 212, rue de Rivoli 75001 PARIS

DARJEELING

5, rue de Moussy

5, rue de Moussy, 75004 Paris
☏ +33 1 42 71 74 21 ⎕ +33 1 42 76 08 48
info@3rooms-5ruedemoussy.com
Métro: Hôtel de Ville/St-Paul

Would you like to live in Paris à la parisienne and not feel like a tourist – in the heart of a fashionable quarter and in a designer apartment to make everyone green with envy? Then I recommend "5, rue de Moussy"; three apartments furnished by fashion designer Azzedine Alaïa with pieces from his own private, exquisite collection. Alaïa took this idea for unusual accommodation from friend, lifestyle expert Carla Sozzani, who opened "3 rooms 10 corso como" in Milan. In the Marais, next to his own boutique, and overlooking his workshop in the courtyard, he equipped three apartments of two or three rooms each with his designer furniture. You sit on Marc Newson armchairs, Pierre Paulin chairs and at Jean Prouvé tables, you switch on Serge Mouille lamps, and listen to music on Bang & Olufsen equipment. Smooth concrete floors and white walls give the apartments minimalist flair. Each apartment has a modern bathroom and a small kitchen.

Rates: 450 € for 1 person, 500 € for 2 people, 550 € for 3 people, breakfast 28 €.
Rooms: 3 apartments with 2 to 3 rooms each (living room, 1 to 2 bedrooms, bathroom, kitchen).
Restaurants: You can have breakfast brought to the apartment in the morning, cater for yourself in the afternoon and evening, or go out for dinner in the Marais.
History: Opened in 2004 and much sought-after since. Strongly recommended to book well in advance.

Möchten Sie in Paris „à la parisienne" und nicht wie ein Tourist leben – mitten in einem Szeneviertel und in einer Designer-Wohnung, um die Sie jeder beneidet? Dann empfehle ich die „5, rue de Moussy"; drei Apartments, die der Modemacher Azzedine Alaïa mit Möbeln aus seiner privaten, exquisiten Sammlung ausgestattet hat. Die Idee zu diesen ungewöhnlichen Unterkünften bekam Alaïa von einer Freundin, der Lifestyle-Expertin Carla Sozzani, die in Mailand die „3 rooms 10 corso como" eröffnet hat. Mitten im Marais, neben seiner Boutique und mit seinem Atelier im Hinterhof, richtete er daraufhin drei Apartments mit je zwei bis drei Zimmern mit seinen Designer-Möbeln ein. Man sitzt auf Marc-Newson-Sesseln, Pierre-Paulin-Stühlen und an Jean-Prouvé-Tischen, knipst Serge-Mouille-Lampen an und hört Musik aus der Bang-&-Olufsen-Anlage. Glatte Betonböden und weiße Wände verleihen den Wohnungen minimalistisches Flair. Jedes Apartment besitzt ein modernes Bad und eine kleine Küche.

Vous désirez vivre à la « parisienne » dans un quartier vraiment typique et dans un appartement de designer que tout le monde vous enviera ? Alors je vous recommande les « 5, rue de Moussy », trois appartements que le styliste Azzedine Alaïa a meublés en puisant dans son exquise collection privée. Pour ces logements inhabituels, il s'est inspiré d'une amie experte en lifestyle, Carla Sozzani, qui avait ouvert à Milan « 3 rooms 10 corso como ». À coté de sa boutique et de son atelier dans l'arrière-cour, situés au cœur du Marais, il a aménagé trois appartements de deux à trois pièces avec ses meubles design. Vous serez assis dans des fauteuils de Marc Newson, sur des chaises de Pierre Paulin et à des tables de Jean Prouvé, vous allumerez des lampes de Serge Mouille et écouterez de la musique avec des appareils de Bang & Olufsen. Les sols lisses en béton et les murs blancs confèrent aux appartements une ambiance minimaliste. Chaque appartement possède une salle de bains moderne et une petite cuisine.

Preise: 450 € für 1 Person, 500 € für 2 Personen, 550 € für 3 Personen, Frühstück 28 €.
Zimmer: 3 Apartments mit je 2 bis 3 Zimmern (Wohnzimmer, 1 bis 2 Schlafzimmer, Bad, Küche).
Restaurants: Morgens kann man ins Apartment Frühstück bestellen, mittags und abends selbst kochen oder im Marais essen gehen.
Geschichte: 2004 eröffnet und seitdem immer heiß begehrt. Unbedingt rechtzeitig reservieren!

Prix : 450 € pour 1 personne, 500 € pour 2 personnes, 550 € pour 3 personnes, petit-déjeuner 28 €.
Chambres : 3 appartements de 2 ou 3 pièces (salle de séjour, 1 ou 2 chambres, salle de bains, cuisine)
Restauration : On peut se faire monter le petit-déjeuner, préparer ses petits plats soi-même midi et soir ou prendre ses repas au Marais.
Histoire : Ouverts en 2004 et toujours très prisés. Réserver à l'avance !

LES DESSINS DE GOYA

Hôtel Saint Merry

78, rue de la Verrerie, 75004 Paris
☎ +33 1 42 78 14 15 +33 1 40 29 06 82
hotelstmerry@wanadoo.fr
www.hotelsaintmerryparis.com
Métro: Châtelet/Hôtel de Ville

I have never seen such a quirky hotel before or since my visit. Suddenly there it is in the historical heart of Paris: the Hôtel Saint Merry awaits its guests right next to the church of Saint-Merry, and celebrates Gothic in much the same way. So, the candlesticks are of cast iron, the wooden backrests of the chairs, the bed-heads and the cupboards are intricately carved in dark brown wood. The substantial original beams can still be seen in most of the ceilings. The room with the massive Gothic flying buttresses of stone is especially impressive. The atmosphere in the building is of an almost unreal quiet and sacral. Only the suites have a television. It is much nicer in any case to attend one of the classical concerts that are regularly performed in the church next door. Or to visit the Centre Georges Pompidou around the corner, or the nearby galleries, or to wander through the pedestrian area in front of the hotel, or to order a café crème in a pavement café.

Rates: Single and double rooms from 170 €, suites from 420 €, breakfast 11 €.
Rooms: 11 rooms and 1 suite on its own floor.
Restaurants: The hotel does not have its own restaurant but serves a continental breakfast.
History: A rare gem in the 17th-century former presbytery of Saint-Merry.

Ein solch skurriles Hotel habe ich weder vor noch nach dem Besuch wieder gesehen, völlig unerwartet steht es im historischen Herzen von Paris: Das Saint Merry erwartet seine Gäste direkt neben der Kirche Saint-Merry und zelebriert wie diese die Gotik. So sind die Leuchter aus Eisen geschmiedet, die hölzernen Stuhllehnen, die Kopfenden der Betten und die Schränke filigran aus dunkelbraunem Holz geschnitzt. An den meisten Decken sind noch die originalen dicken Balken zu sehen. Besonders beeindruckend ist das Zimmer, durch das sich massive gotische Strebebögen aus Stein ziehen. Die Atmosphäre in diesem Gebäude ist von beinahe unwirklicher Ruhe und sakral. Nur die Suite besitzt einen Fernseher. Viel schöner ist es aber ohnehin, eines der klassischen Konzerte zu besuchen, die regelmäßig in der Kirche nebenan veranstaltet werden. Oder das um die Ecke liegende Centre Georges Pompidou und die nahen Galerien zu besuchen, in der Fußgängerzone vor der Tür zu bummeln, in einem Straßencafé einen Café crème zu bestellen.

Ni avant ni après ma visite à Paris, je n'ai vu un hôtel aussi extraordinaire, situé d'une façon totalement inattendue dans le cœur historique de la capitale. Tout proche de l'église Saint-Merry, cet hôtel du même nom est décoré comme celle-ci dans le style gothique. Les lustres sont en fer forgé, les dossiers de chaise, les montants de lit et les armoires en bois finement ciselé. La majorité des plafonds ont gardé leurs grosses poutres d'origine. D'autre part, la chambre aux arcs-boutants gothiques en pierre est particulièrement impressionnante. Dans ce bâtiment, il règne une atmosphère de sacré et de tranquillité presque irréelle. Seule la suite possède une télévision. Il est d'ailleurs beaucoup plus agréable d'aller écouter un de ces concerts classiques donnés dans l'église voisine. Ou de visiter le Centre Pompidou et les galeries toutes proches, de faire du shopping dans la zone piétonne devant l'hôtel ou, tout simplement, de s'asseoir à la terrasse d'un café pour déguster un café crème.

Preise: Einzel-/Doppelzimmer ab 170 €, Suite ab 420 €, Frühstück 11 €.
Zimmer: 11 Zimmer und 1 Suite auf ihrer eigenen Etage.
Restaurants: Das Hotel besitzt kein eigenes Restaurant, serviert aber kontinentales Frühstück.
Geschichte: Ein seltenes Schmuckstück im ehemaligen Pfarrhaus von Saint-Merry aus dem 17. Jahrhundert.

Prix : Chambre simple/double à partir de 170 €, suite à partir de 420 €, petit-déjeuner 11 €.
Chambres : 11 chambres et 1 suite ayant son propre étage.
Restauration : L'hôtel ne possède pas de restaurant mais sert un petit-déjeuner continental.
Histoire : Petit joyau situé dans l'ancien presbytère de Saint-Merry datant du 17e siècle.

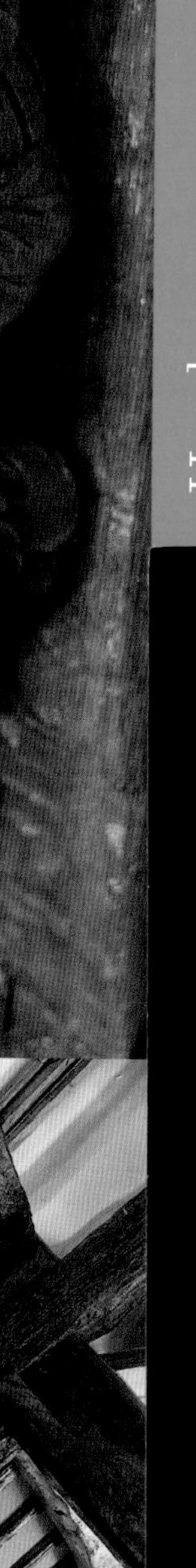

H.G.H
HÔTEL DES GRANDS HOMMES

Hôtel des Grands Hommes

17, Place du Panthéon, 75005 Paris
☎ +33 1 46 34 19 60 ▯ +33 1 43 26 67 32
reservation@hoteldesgrandshommes.com
www.hoteldesgrandshommes.com
Métro: Cardinal Lemoine/Cluny La Sorbonne

Name-dropping is half the fun at the fantastically located Hôtel des Grands Hommes. In 1920 André Breton, father figure of the Surrealist movement, wrote his manifesto "Les champs magnétiques" (Magnetic Fields) here. The Panthéon opposite is the final resting place for many great Frenchmen, including Voltaire and Victor Hugo, not to mention Louise Braille, inventor of the Braille writing system for the blind. The majestic dome of the Panthéon is best seen from the rooms on the top floor, which have a magnificent view reaching as far as Sacré-Cœur. All 31 rooms in the hotel have been completely refurbished and are consistently elegant in shades of colour ranging from mauve to brown and blue. The rooms with their own balcony or a small terrace can be especially recommended, where you can enjoy your breakfast with a breathtaking view. The Jardin du Luxembourg and the Sorbonne are just around the corner, and the artist and bohemian district of Saint-Germain-des-Prés can be easily reached on foot.

Rates: Single and double rooms from 200 €, suites from 360 €, breakfast 14 €.
Rooms: 31 rooms.
Restaurants: The hotel serves the original French breakfast. It is advisable to go to St-Germain-des-Prés for lunch and dinner.
History: Situated in an 18th-century building, renovated in Empire style in 2002.

Im grandios gelegenen Hôtel des Grands Hommes ist „name dropping" schon fast die halbe Miete. Hier schrieb André Breton, der wichtigste Theoretiker des Surrealismus, 1920 sein Manifest „Les champs magnétiques" (Die magnetischen Felder). Im Panthéon direkt gegenüber sind einige der ganz großen Franzosen wie Voltaire und Victor Hugo beerdigt, ebenso wie Louis Braille, der Erfinder der Blindenschrift. Die majestätische Kuppel des Panthéons sieht man am besten von den Zimmern im obersten Stockwerk – von dort aus reicht die Sicht sogar bis zu Sacré-Cœur. Alle 31 Räume des Hotels wurden renoviert und sind elegant in Farbvariationen zwischen Mauve, Braun und Blau gehalten. Besonders empfehlenswert sind die Zimmer mit eigenem Balkon oder einer kleinen Terrasse, auf der es sich bei atemberaubendem Ausblick gemütlich frühstücken lässt. Gleich in der Nähe liegen der Jardin du Luxembourg, die Sorbonne und auch das Künstler- und Bohemienviertel Saint-Germain-des-Prés.

Preise: Einzel-/Doppelzimmer ab 200 €, Suite ab 360 €, Frühstück 14 €.
Zimmer: 31 Zimmer.
Restaurants: Das Hotel serviert original französisches Frühstück. Zum Lunch und Dinner am besten nach Saint-Germain-des-Prés gehen.
Geschichte: In einem Gebäude aus dem 18. Jahrhundert untergebracht. 2002 im Empire-Stil renoviert.

Les plus grands noms français sont descendus à l'Hôtel des Grands Hommes, lequel bénéficie d'un excellent emplacement. C'est ici qu'André Breton, le théoricien le plus important du surréalisme, écrivit en 1920 son manifeste « Les champs magnétiques ». L'hôtel est situé en face du Panthéon où sont inhumées d'illustres personnalités comme Voltaire et Victor Hugo ou encore Louis Braille, l'inventeur de l'alphabet pour les aveugles. Les chambres du dernier étage, d'où l'on peut même distinguer le Sacré-Cœur, offrent une vue imprenable sur la coupole majestueuse du Panthéon. Les 31 chambres de l'hôtel ont été entièrement rénovées dans des tons mauve, marron ou bleu et sont meublées avec élégance. Celles avec balcon ou petite terrasse, où l'on peut prendre son petit-déjeuner en jouissant du panorama, sont à recommander particulièrement. Le Jardin du Luxembourg est situé à deux pas et il est également possible de se rendre à pied à la Sorbonne ainsi que dans quartier bohème et artistique de Saint-Germain-des-Prés.

Prix : Chambre simple / double à partir de 200 €, suite à partir de 360 €, petit-déjeuner 14 €.
Chambres : 31 chambres.
Restauration : L'hôtel sert un petit-déjeuner typiquement français. On prendra de préférence son déjeuner et son dîner à Saint-Germain-des-Prés.
Histoire : Bâtiment datant du 18e siècle rénové en 2002 dans le style Empirc.

Hôtel des Grandes Écoles

75, rue du Cardinal Lemoine, 75005 Paris
☏ +33 1 43 26 79 23 ▯ +33 1 43 25 28 15
hotel.grandes.ecoles@wanadoo.fr
www.hotel-grandes-ecoles.com
Métro: Cardinal Lemoine/Place Monge/Jussieu

Those who fall in love with this hotel return time and again. Here you can spend a country-style holiday in the heart of Paris. The Hôtel des Grandes Écoles is located in Montagne Sainte-Geneviève, a pretty district around the church of the same name. "Scholarly places" like the Sorbonne and the Panthéon are only a few steps away. However, you do not feel greatly affected by the weight of so much intellectual and historical heritage. The pink building with its white shutters is tucked away well back from the main road, in a green courtyard with old trees, flowers and rhododendron bushes, as if the city were miles away. Floral wallpaper, lace table clothes and chandeliers are the order of the day in the rooms. Some of them have their own bathrooms with tubs, others only a toilet and a shower, and not all have been redecorated. Families are welcome, a baby sitter can even be arranged on request and the children can play in the garden far from the traffic.

Rates: Single rooms from 130 €, double rooms from 160 €, breakfast from 9 €.
Rooms: 51 rooms (some suitable for up to 4 people).
Restaurants: The hotel is a classic B & B establishment. Many bistros and restaurants for lunch and dinner can be found in the Quartier Latin.
History: To all intents and purposes like a charming cottage, and run as a family business.

Wer sich einmal in dieses Hotel verliebt hat, kommt immer wieder: Hier verbringt man mitten in Paris Ferien auf dem Lande. Das Hôtel des Grandes Écoles steht auf der Montagne Sainte-Geneviève, einem hübschen Viertel rund um die gleichnamige Kirche – „Denkeradressen“ wie die Sorbonne und das Panthéon sind nur ein paar Schritte entfernt. Von so viel intellektuellem und historischem Erbe spürt man hier aber wenig. Wie ein Cottage liegt das roséfarbene Gebäude mit seinen weißen Fensterläden, von der Straße weit zurückgelegen, in einem grünen Hof mit alten Bäumen, Blumen und Rhododendronbüschen – als ob die Großstadt meilenweit entfernt wäre. In den Räumen regieren Blümchentapeten, Spitzendeckchen und Kronleuchter. Manche Zimmer besitzen eigene Bäder, andere nur Toilette und Dusche, und nicht alle sind renoviert. Familien sind willkommen, auf Wunsch wird sogar ein Babysitter engagiert, und Kinder können fernab vom Verkehr im Garten spielen.

Situé au cœur de Paris, cet hôtel vous séduira par son cadre bucolique et vous n'aurez de cesse d'y revenir. L'Hôtel des Grandes Écoles est construit sur la Montagne Sainte-Geneviève, un quartier pittoresque autour de l'église du même nom, à quelques pas seulement de la Sorbonne et du Panthéon. Ressemblant à un cottage, son bâtiment de couleur rose aux volets blancs se trouve loin de la rue, au milieu d'un parc fleuri avec ses rhododendrons et ses arbres centenaires. On a l'impression d'être à mille lieues de la capitale et de son agitation. À l'intérieur, les tapisseries à fleurs, les napperons en dentelle et les lustres lui donnent un petit air champêtre. Certaines chambres possèdent une salle de bains, d'autres uniquement des douches avec toilettes, et toutes ne sont pas rénovées. Les familles sont les bienvenues et peuvent demander les services d'une baby-sitter. Les enfants joueront dans le parc, loin de la circulation.

Preise: Einzelzimmer ab 130 €, Doppelzimmer ab 160 €, Frühstück 9 €.
Zimmer: 51 Zimmer (einige für bis zu 4 Personen geeignet).
Restaurants: Das Hotel ist ein klassisches Bed & Breakfast; zum Mittag- und Abendessen finden sich im Quartier Latin zahlreiche Bistros und Restaurants.
Geschichte: Wie ein bezauberndes Cottage, das als Familienbetrieb geführt wird.

Prix : Chambre simple à partir de 130 €, Chambre double à partir de 160 €, petit-déjeuner 9 €.
Chambres : 51 chambres (certaines pouvant accueillir jusqu'à 4 personnes).
Restauration : L'hôtel propose uniquement le petit-déjeuner ; le déjeuner et le dîner pourront se prendre au Quartier Latin, bistros et restaurants étant légion.
Histoire : Charmant cottage de gestion familiale.

6e Arrt
PLACE
SAINT GERMAIN
DES PRÉS
hotel bel-ami
ST GERMAIN DES PRES
Le Petit Zinc

Hôtel Bel-Ami

7/11, rue Saint-Benoît, 75006 Paris
☏ +33 1 42 61 53 53 ▯ +33 1 49 27 09 33
resa@hotel-bel-ami.com
www.hotel-bel-ami.com
Métro: St-Germain-des-Prés

If the typical French hôtel de charme with its plush and frills doesn't really appeal to you, then you will feel at home here: Hôtel Bel-Ami is what nowadays is termed stylish urban chic. Marina Bessé concentrated on a minimalist interior. The 111 rooms and suites behind the classically elegant façade can be booked according to your very individual colour preference. There are rooms in cumin, cinnamon, ochre, ebony and ivory. The selection in the mini-bar is thoughtfully put together, with a water menu of seven different types of mineral waters. At breakfast, taken in the light and airy B.A. Café with impressive Serge Mouille lamps on the walls, you may meet interesting people getting ready for a day in Paris.

Rates: Single and double rooms from 290 €, suites from 890 €, breakfast 25 €.
Rooms: 105 rooms and 6 suites.
Restaurants: The B.A. Bar is open from 10:30 am to midnight. You can have breakfast, or a snack, or just enjoy a cocktail, whisky, wine or champagne.
History: In the 14th century, the west wing of the abbey of St-Germain was located here, later a post-office building, and then the national printer's office. The design hotel Bel-Ami was opened in 2000, and refurbished in 2011.

Wer die typisch französischen „hôtels de charme“ mit ihrem Plüsch und Rüschen nicht so gerne mag, wird sich hier wohl fühlen: Das Hôtel Bel-Ami ist das, was man heutzutage „stylish“ oder „urban chic“ nennt. Marina Bessé hat sich auf minimalistisches Interieur konzentriert. Die 111 Zimmer und Suiten hinter der klassisch-eleganten Fassade kann man ganz nach individuellen Farbvorlieben buchen. Es gibt Räume in Ockerfarben, Zimtfarben, Schwarz und Elfenbein. Gut durchdacht ist das Sortiment der Minibar: Es umfasst ein Wasser-Menü mit sieben verschiedenen Mineralwasser-Sorten. Zum Frühstück im lichtdurchfluteten B.A. Café mit den wirkungsvollen Lampen von Serge Mouille an den Wänden trifft man interessante Leute, die sich für einen Tag in Paris stärken.

Celui qui n'apprécie guère les « hôtels de charme » typiquement français avec leurs chichis et leurs volants, se sentira parfaitement à l'aise ici : l'Hôtel Bel-Ami mérite bien les qualificatifs de « stylish » ou « urban chic ». Grace Leo-Andrieu, qui a aussi aménagé le Lancaster, a opté pour une décoration minimaliste avec les architectes Nathalie Battesti et Véronique Terreaux. Les 111 chambres et suites de cet hôtel à la façade classique et élégante peuvent être réservées en fonction de la couleur que l'on préfère. Il y a les chambres en mielcumin, cannelle, ocre, noir et blanc. Le choix du minibar est judicieux, il propose sept eaux minérales différentes. Le petit-déjeuner se prend au B.A. Café, une pièce lumineuse avec à ses murs les lampes très design de Serge Mouille. On y rencontre des gens intéressants qui, en se servant au copieux buffet, prennent des forces pour une journée à Paris.

Preise: Einzel-/Doppelzimmer ab 290 €, Suite ab 890 €, Frühstück 25 €.
Zimmer: 105 Zimmer und 6 Suiten.
Restaurants: In der B.A. Bar, die von 10.30–24 Uhr geöffnet hat, kann man frühstücken, eine Kleinigkeit zu sich nehmen oder Cocktails, Whisky, Wein und Champagner trinken.
Geschichte: Im 14. Jahrhundert stand an dieser Stelle der Westflügel der Abtei St-Germain, später ein Postgebäude und dann die nationale Druckerei. Das Designhotel Bel-Ami wurde im Jahr 2000 eröffnet und 2011 renoviert.

Prix : Chambre simple/double à partir de 290 €, suite à partir de 890 €, petit-déjeuner 25 €.
Chambres : 106 chambres et 6 suites.
Restauration : Le B.A. Bar est ouvert de 10.30h à minuit et sert le petit-déjeuner, des snacks, des cocktails, du whisky, des vins et du champagne.
Histoire : Au 14e siècle se tenait à cet endroit l'aile ouest de l'abbaye de Saint-Germain, plus tard un bâtiment de la poste, puis l'imprimerie nationale. L'hôtel design Bel-Ami a été ouvert en 2000 et rénové en 2011.

6e Arrt
RUE
SAINT-BENOÎT
VERS 480 - VERS 547
ABBÉ DU MONT-CASSIN, FONDATEUR
DE L'ORDRE DES BÉNÉDICTINS
sugar
coffee
coffee
sugar
Pelletier
Pelletier
Pelletier
Pelletier
QUAKER OATS
BANANIA

Hôtel d'Angleterre

44, rue Jacob, 75006 Paris
☎ +33 1 42 60 34 72 ▯ +33 1 42 60 16 93
reservation@hotel-dangleterre.com
www.hotel-dangleterre.com
Métro: St-Germain-des-Prés

This building has a fascinating history and has had some renowned guests. It housed the British Embassy at the end of the 18th century (in 1783 the Treaty of Paris, which concluded the American War of Independence, was drawn up), and on 20 December 1921, Ernest Hemingway stayed in Room 14 for the first time, the first of many visits by the author. Apart from the ideal location in the heart of Saint-Germain-des-Prés, the size of the rooms should be mentioned – so much space is really rare in Paris. All of the rooms are individually decorated. Some rooms are furnished with off-white fabrics, classic furniture and a lot of marble, others have a rustic touch with flowered wallpaper and thick wooden ceiling beams. Why not ask for advice at the reception before checking in, giving your own personal preference? The small courtyard is also very charming, and you can have breakfast there al fresco when the weather is fine.

Rates: Single rooms 175 €, double rooms from 250 €, suites from 320 €, breakfast always included.
Rooms: 20 rooms, 5 junior suites and 1 apartment, all individually furnished.
Restaurants: The Hôtel d'Angleterre serves breakfast only.
History: A charming town hotel with a rich history and in a first-class location on the Rive Gauche.

Dieses Haus hat eine spannende Geschichte und berühmte Gäste: Ende des 18. Jahrhunderts residierte hier die britische Botschaft (1783 wurde hier sogar der Pariser Friedensvertrag zur Anerkennung der Vereinigten Staaten durch Großbritannien unterzeichnet), und am 20. Dezember 1921 übernachtete Ernest Hemingway zum ersten Mal in Zimmer 14 – es war nur der erste von vielen Aufenthalten des Autors. Neben der idealen Lage mitten in Saint-Germain-des-Prés ist die Größe der Zimmer besonders erwähnenswert – so viel Platz ist in Paris wirklich eine Seltenheit. Alle Räume sind unterschiedlich eingerichtet; es gibt Zimmer mit cremefarbenen Stoffen, klassischen Möbeln und viel Marmor, aber auch rustikal angehauchtes Ambiente mit Blümchentapeten und dicken Holzbalken unter der Decke. Am besten lässt man sich vor dem Einchecken je nach persönlichen Vorlieben an der Rezeption beraten. Sehr charmant ist auch der kleine Innenhof, in dem bei schönem Wetter das Frühstück unter freiem Himmel serviert wird.

Preise: Einzelzimmer 175 €, Doppelzimmer ab 250 €, Suite ab 320 €, Frühstück inbegriffen.
Zimmer: 20 Zimmer, 5 Junior-Suiten und 1 Apartment, alle individuell eingerichtet.
Restaurants: Das Hôtel d'Angleterre serviert nur Frühstück.
Geschichte: Ein charmantes Stadthotel mit reicher Historie und in erstklassiger Lage an der Rive Gauche.

L'histoire de cette demeure est passionnante. À la fin du 18e siècle, elle était en effet le siège de l'Ambassade d'Angleterre et c'est ici que les Anglais signèrent en 1783 le Traité de Paris qui reconnaît l'indépendance des États-Unis. Transformée en hôtel, elle accueillit des clients célèbres comme Ernest Hemingway, lequel y résida pour la première fois le 20 décembre 1921 dans la chambre 14. Ce séjour fut suivi de nombreux autres. En plus de son emplacement idéal, au cœur de Saint-Germain-des-Prés, ses chambres spacieuses sont le second atout de l'hôtel. Il est rare de bénéficier d'autant d'espace dans Paris. L'hôtel propose des chambres parées d'étoffes crème, meubles classiques et marbre, ou d'autres à l'ambiance plus rustique avec leur tapisserie à fleurs et leurs grosses poutres en bois apparentes. Le mieux est de s'adresser à la réception qui vous conseillera selon vos goûts. Les jours de beau temps, le petit-déjeuner est servi à ciel ouvert dans le charmant jardin-patio.

Prix : Chambre simple 175 €, chambre double à partir de 250 €, suite à partir de 320 €, petit-déjeuner compris.
Chambres : 20 chambres, 5 junior suites et 1 appartement, le tout aménagé de façon individuelle.
Restauration : L'Hôtel d'Angleterre ne sert que le petit-déjeuner.
Histoire : Un charmant hôtel chargé d'histoire et bénéficiant d'une situation privilégiée sur la Rive Gauche.

44
RRE

Voyage
LA MAISON DE L'AFRIQUE
LA MAISON DES INDES
HOTEL RECAMIER
LA MAISON DE L'AFRIQUE

Hôtel Récamier

3 bis, Place Saint-Sulpice, 75006 Paris
☏ +33 1 43 26 04 89   +33 1 43 26 35 76
contact@hotelrecamier.com
www.hotelrecamier.com
Métro: St-Sulpice/Mabillon/St-Germain-des-Prés

A hotel for all fans of Dan Brown's "Da Vinci Code", hidden away in a far corner of Place Saint-Sulpice. You can follow the trail of the Da Vinci Code in Saint-Sulpice Church and discover the mysterious side of Paris. Saint-Sulpice always had a rather nondescript existence until it became famous through the best seller. Incidentally, it is the largest place of worship in the city after Notre-Dame. But even if you are more interested in the present than in myths, this is still a good place to stay. From the hotel you can stroll to the highlights of Saint-Germain-des-Prés, browse in bookshops and boutiques, and indulge in a grand crème in a pavement café. My favourite is directly opposite the square. The rooms of the Hôtel Récamier are all quiet, and the hotel has been totally refurbished in 2009. It is now a luxurious Boutique Hotel offering all the related services.

Rates: Single and double rooms from 270 €, deluxe rooms from 340 €, express breakfast 11 €, buffet breakfast 20 €.
Rooms: 24 rooms.
Restaurants: The hotel serves breakfast, but it is also nice to have croissants and coffee in one of the nearby cafés. The hotel offers complimentary afternoon tea and snacks from 4 pm to 6 pm.
History: A splendidly located town house for the discerning and choosy traveller.

Dieses Hotel versteckt sich im hintersten Winkel der Place Saint-Sulpice. Hier kann man in der gleichnamigen Kirche den Spuren von Dan Browns Thriller „Sakrileg" folgen und das geheimnisvolle Gesicht von Paris entdecken. Saint-Sulpice, die immer ein recht unscheinbares Dasein führte und erst durch den Bestseller berühmt wurde, ist übrigens nach Notre-Dame das größte Gotteshaus der Stadt. Aber auch wer weniger an den Mythen als an der Gegenwart Interesse hat, ist hier gut aufgehoben. Vom Hotel aus bummelt man bequem zu den Highlights von Saint-Germain-des-Prés, stöbert in Buchhandlungen und Modeboutiquen und gönnt sich als Pause einen „grand crème" in einem Straßencafé, mein liebstes liegt direkt gegenüber dem Platz. Die Zimmer des Hôtel Récamier sind alle ruhig gelegen. 2009 wurde das Hotel komplett renoviert. Es ist jetzt ein luxuriöses Boutique Hotel und bietet den damit verbundenen Service an.

Preise: Einzel-/Doppelzimmer ab 270 €, Deluxe-Zimmer ab 340 €, Express-Frühstück 11, Buffet-Frühstück 20 €.
Zimmer: 24 Zimmer.
Restaurants: Das Hotel serviert Frühstück; es ist aber auch nett, in eines der nahen Cafés zu gehen und dort Croissants und Kaffee zu bestellen. Zwischen 16 und 18 Uhr werden Snacks und Tee gratis serviert.
Geschichte: Ein ideal gelegenes Stadhaus für den anspruchsvollen und wählerischen Reisenden.

Cet hôtel est dissimulé dans une encoignure reculée de la Place Saint-Sulpice. Dans l'église du même nom, on pourra suivre les traces du « Da Vinci Code » de Dan Brown tout en découvrant le visage mystérieux de Paris. Peu connue dans le passé par les étrangers, l'église Saint-Sulpice doit sa nouvelle célébrité au best-seller. Elle est d'ailleurs la plus grande église de Paris après Notre-Dame. Mais même si vous vous intéressez plus au présent qu'aux mythes du passé, vous ne regretterez pas d'avoir choisi cet hôtel. À proximité de toutes les curiosités de Saint-Germain-des-Prés, vous pourrez faire les librairies, les boutiques de mode et boire un « grand crème » à la terrasse d'un café si vous désirez faire une pause. Les chambres de l'Hôtel Récamier sont toutes tranquilles. L'hôtel a été entièrement rénové en 2009, pour devenir un somptueux Boutique Hotel proposant tous les services spécifiques à ces endroits.

Prix : Chambre simple/double à partir de 270 €, chambres luxueuse à partir de 340 €, petit-déjeuner « express » 11 €, petit-déjeuner 20 €.
Chambres : 24 chambres.
Restauration : L'hôtel sert le petit-déjeuner ; il est aussi très agréable de se rendre dans l'un des cafés tout proches et d'y commander un café et des croissants.
Histoire : Une maison de ville idéalement située, dédiée au voyageur perspicace et exigeant.

Hotels

A PRIVILEGED LIFE
CANNES
HOTEL STORIES

HOTEL
TOURISME
H
14
SORTIE DE
SECOURS
SORTIE DE
SECOURS
STATIONNER
DEVANT
STATIONNER
DEVANT

Hôtel Duc de Saint-Simon

14, rue de St-Simon, 75007 Paris
☏ +33 1 44 39 20 20 🗋 +33 1 45 48 68 25
duc.de.saint.simon@wanadoo.fr
www.hotelducdesaintsimon.com
Métro: Rue du Bac

Hôtel Duc de Saint-Simon is romantic, luxurious and très français. Many American visitors stay here because the building looks exactly as traditional France is visualized in the New World. It surrounds an inner courtyard overgrown with wisteria, and you could almost believe you were in a green oasis outside the city. And all that just around the corner from delightful rue de Grenelle with its pretty shops, and not far from the Musée d'Orsay and Musée Rodin. Each guest can choose which decoration of the 34 rooms and suites he personally prefers: blue and white stripes, red and white stripes or floral, all very classic, all really comfortable. Should you wish to treat yourself to something really special, ask for a room with a terrace. Antiques for the interior decoration were sought and found throughout France. The bar has been set up in the atmospheric 17th-century basement vault.

Rates: Single and double rooms from 275 €, suites from 430 €, breakfast 15 €.
Rooms: 29 rooms and 5 suites.
Restaurants: Breakfast is taken in your room, in the bar or in the delightful courtyard in fine weather – the last being without doubt the best choice.
History: The hotel was named after the French writer Saint-Simon and is furnished with elegance and loving attention to detail.

Das Hôtel Duc de Saint-Simon ist romantisch, luxuriös und „très français". Hier wohnen viele amerikanische Gäste, denn das Haus ist einfach so, wie man sich das traditionelle Frankreich in der Neuen Welt vorstellt. Es liegt rund um einen Innenhof, der mit Glyzinen bewachsen ist und einen beinahe glauben lässt, in einer grünen Oase außerhalb der Stadt zu sein. Das Ganze um die Ecke der entzückenden rue de Grenelle mit hübschen Geschäften und nicht weit vom Musée d'Orsay und Musée Rodin. Die Inneneinrichtung der 34 Zimmer und Suiten kann sich jeder Gast nach persönlichen Vorlieben aussuchen – blau-weiß oder rot-weiß gestreift oder geblümt –, aber alle sehr klassisch und wirklich komfortabel. Wer sich etwas Besonderes gönnen möchte, sollte nach einem Zimmer mit eigener Terrasse fragen. Für das Interieur wurden Antiquitäten aus ganz Frankreich besorgt. Die Bar ist in einem atmosphärischen Gewölbe aus dem 17. Jahrhundert untergebracht.

L'Hôtel Duc de Saint-Simon est un hôtel romantique, luxueux et très français. De nombreux clients américains y résident car il correspond à l'idée que les habitants du Nouveau Monde se font de la France traditionnelle. S'élevant autour d'une cour intérieure couverte de glycines, une véritable oasis de verdure en plein centre-ville, cet hôtel est situé au coin de la ravissante rue de Grenelle avec ses jolies boutiques et non loin du Musée d'Orsay et du Musée Rodin. Suivant ses préférences, le client choisira la décoration de sa chambre – rayures bleues et blanches ou rouges et blanches ou à fleurs. Toutes les chambres sont très classiques et vraiment confortables. Si vous désirez une chambre exceptionnelle, vous demanderez celle avec terrasse. Pour la décoration, on a parcouru toute la France à la recherche d'antiquités. Le bar est situé dans une cave voûtée du 17e siècle.

Preise: Einzel-/Doppelzimmer ab 275 €, Suite ab 430 €, Frühstück 15 €.
Zimmer: 29 Zimmer und 5 Suiten.
Restaurants: Zum Frühstück bleibt man auf dem Zimmer, geht in die Bar oder bei schönem Wetter in den traumhaften Innenhof – die dritte Möglichkeit ist ohne Zweifel die beste.
Geschichte: Das Hotel wurde nach dem französischen Schriftsteller Saint-Simon benannt und ist elegant sowie mit viel Liebe zum Detail eingerichtet.

Prix : Chambre simple/double à partir de 275 €, suite à partir de 430 €, petit-déjeuner 15 €.
Chambres : 29 chambres et 5 suites.
Restauration : Le petit-déjeuner se prend dans la chambre, au bar ou, quand il fait beau, dans la magnifique cour intérieure – cette dernière alternative étant de loin la meilleure.
Histoire : Portant le nom de l'écrivain, le duc de Saint-Simon, l'hôtel est élégant et décoré avec l'amour du détail.

AINSI QUE LES EAUX
PLUS RAPIDES D'UN
TORRENT SE BRIS-
-ENT AUX ROCHERS
MEME SEPARES NOUS
NOUS RETROUVERONS

Mama Shelter

109, rue de Bagnolet, 75020 Paris
☏ +33 1 43 48 48 48
www.mamashelter.com
Métro: Porte de Bagnolet, Alexandre Dumas

Mama Shelter is the ideal hotel for those who have better things to do than indulge in luxury, and are such frequent travellers that they sometimes forget which city they are staying in. If you are in rock star mode, your dark, cavernous bedroom will provide a welcoming retreat from the glare. You can watch a selection of free movies on demand on mega-size Apple computer screens. Room service is not provided, but the in-house shop will deliver items ordered by email to each floor. Selected TASCHEN volumes are included in the range of goods available. There is a bar on the roof garden which may be small, in line with the building layout, but it also explains why things really hot up there in the evening.

Rates: From 99 €, without breakfast.
Rooms: 172 rooms, 1 suite.
Restaurants: The restaurant on the ground floor offers substantial snacks and pizzas. Drinks, brunch and evening meal are served on the roof terrace.
History: Mama Shelter branded hotels can be found in several large European cities (e.g. Istanbul). Designer Philippe Starck designed all the rooms and restaurants for the Paris building so, understandably, it only looks nondescript from the outside.

Wer Wichtigeres zu tun hat, als im Luxus zu schwelgen, und ohnehin so viel reist, dass er manchmal vergisst, in welcher Stadt er sich gerade aufhält, für den ist das Mama Shelter das Richtige. Wer sich wie ein Rockstar fühlt, wird sein in dunklen Farben gehaltenes Höhlenschlafzimmer mit Kusshand als Backstage Area begrüßen. Die übergroßen Computerbildschirme der Marke Apple zeigen eine Auswahl an Filmen, für die keine Leihkosten abgebucht werden. Zwar gibt es keinen Zimmerservice, dafür liefert der hauseigene Shop die Artikel nach Bestellung per E-Mail auf die Etage. Im Sortiment finden sich auch ausgewählte Bände des TASCHEN Verlages. Auf dem Dachgarten gibt es eine Bar, die, dem Grundriss des Gebäudes entsprechend, zwar klein ist, aber vielleicht geht es auch deswegen dort abends heiß her.

Pour tous ceux qui ont mieux à faire que se repaître sans fin de luxe et qui voyagent de toute façon tellement qu'ils en oublient parfois dans quelle ville ils se trouvent, le Mama Shelter est l'endroit qu'il faut. Ceux qui se sentent dans la peau d'une rock-star prendront comme une coulisse idéale leur chambre-tanière maintenue dans des teintes sombres. Les écrans Apple surdimensionnés montrent un choix de films disponibles gratuitement. Et s'il n'y a pas de service d'étage, la boutique maison vous livre dans votre chambre les articles commandés par e-mail. La gamme comporte aussi une sélection de livres Taschen. Le bar dans le jardin sur le toit est petit, puisqu'il correspond au plan du bâtiment, mais c'est peut-être aussi pour cela que l'ambiance y est très chaude le soir.

Preise: Ab 99 € exklusive Frühstück.
Zimmer: 172 Zimmer, 1 Suite.
Restaurants: Das Restaurant im Erdgeschoss bietet solide Kleinigkeiten und Pizza an. Auf der Dachterrasse des Hauses werden Drinks, aber auch Brunch und Abendessen serviert.
Geschichte: Hotels der Marke Mama Shelter gibt es in einigen Großstädten Europas (zum Beispiel in Istanbul). Designer Philippe Starck hat sämtliche Zimmer und Restaurants des Pariser Gebäudes gestaltet, das deshalb nur von außen unscheinbar wirkt.

Prix : À partir de 99 € sans petit-déjeuner.
Chambres : 172 chambres, 1 suite.
Restauration : Le restaurant du rez-de-chaussée propose de solides petits plats et des pizzas. Des boissons, mais aussi des brunchs et des dîners, sont servis sur le « rooftop ».
Histoire : Les hôtels de la marque Mama Shelter sont présents dans plusieurs grandes villes d'Europe (par exemple Istanbul). Le designer Philippe Starck a conçu les chambres et les restaurants de l'immeuble parisien qui n'a donc l'air de rien que de l'extérieur.

YOUR HAIR

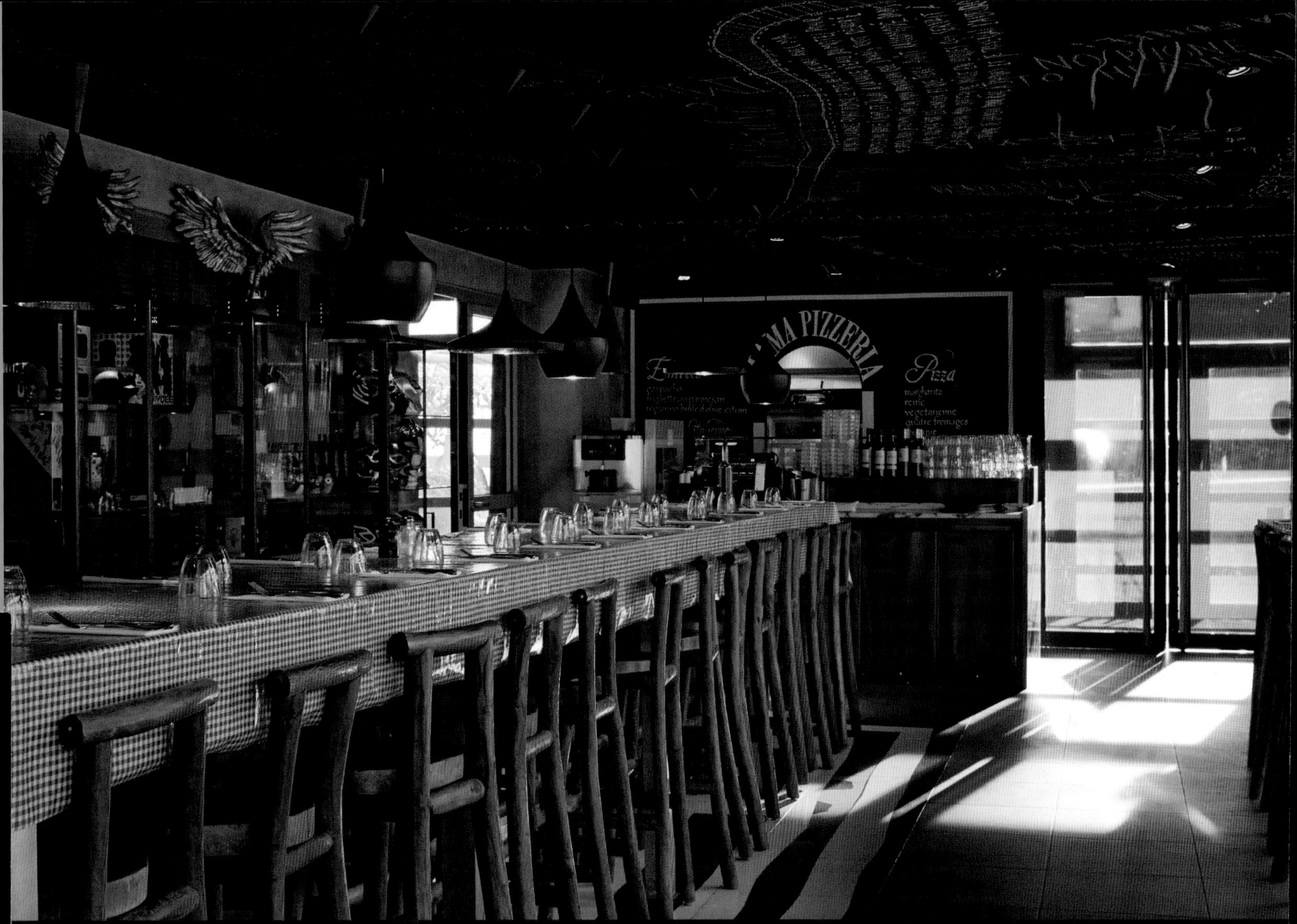
MA PIZZERIA
Pizza
reine
vegetarienne
quatre fromages

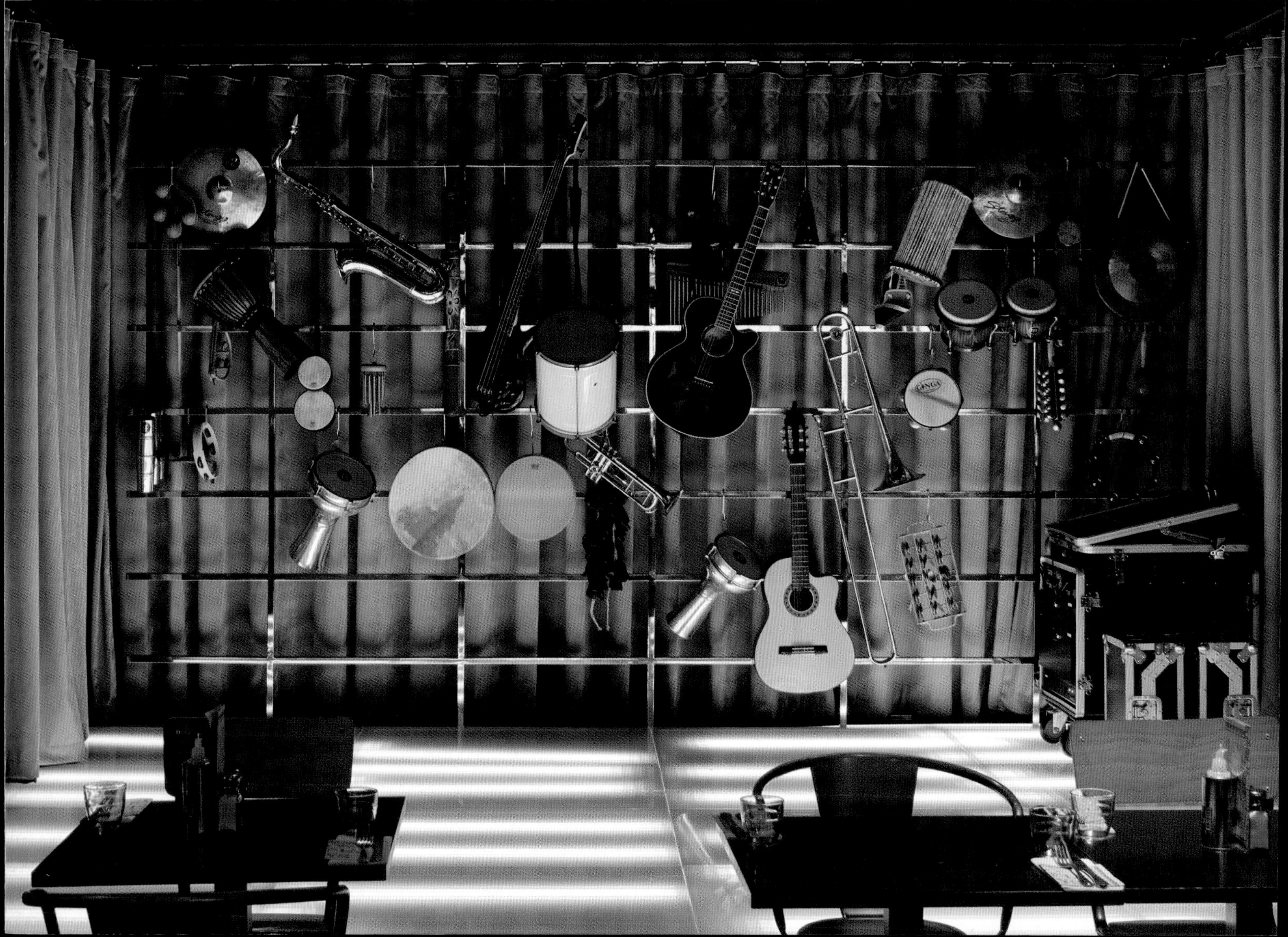

Los Angeles

BRASSERIE
CAFÉ
RESTAURANT
VEFOUR
GALERIE BEAUJOLAIS
LE DE SOCIÉTÉ
RESTAURANT

Restaurants

Café de Flore

Brasserie Lipp

la Coupole

la Palette

Benoît

RESTAURANT
Bofinger
Brut

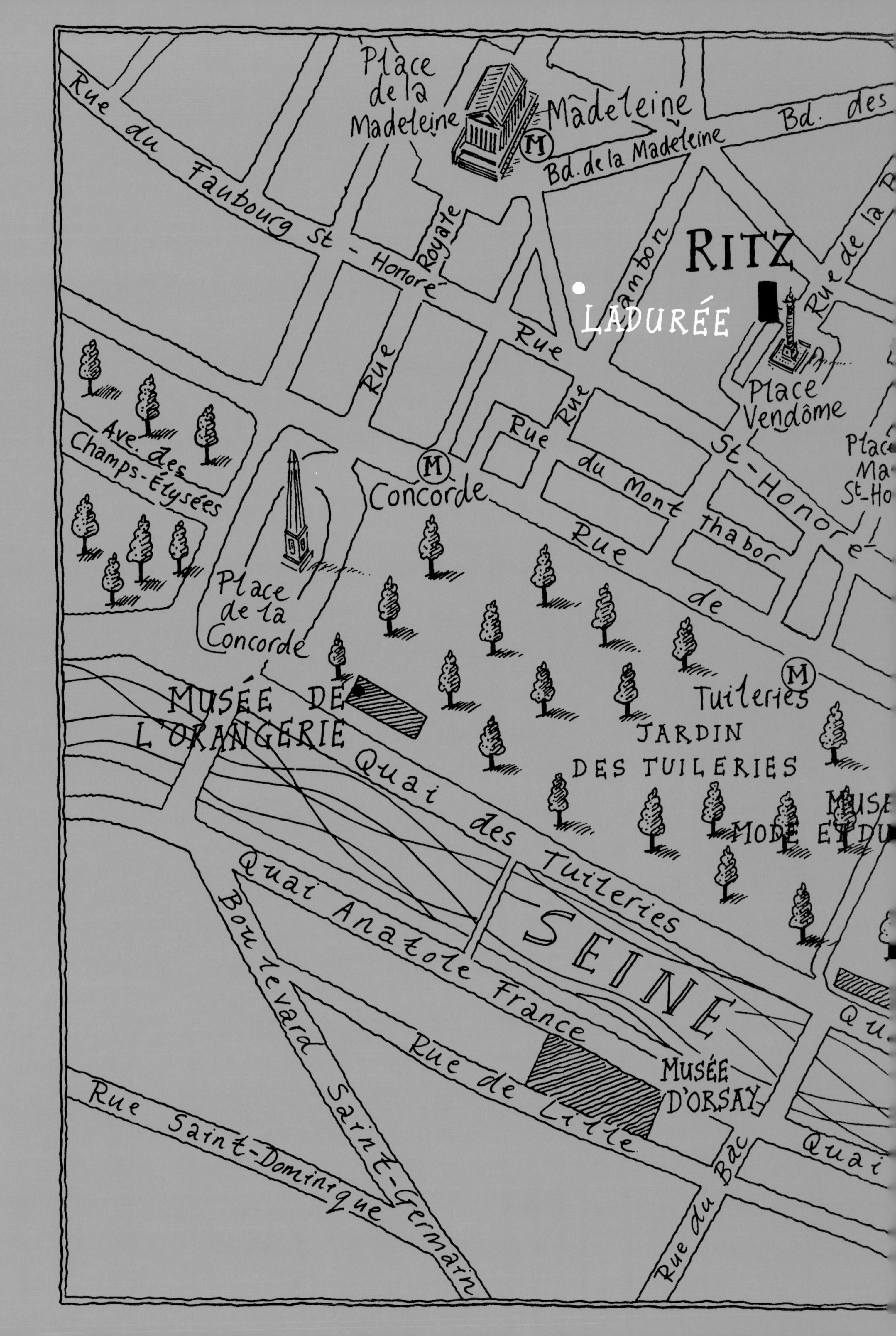
Place de la Madeleine
Madeleine
Bd. des
Bd. de la Madeleine
Rue du Faubourg St-Honoré
Rue Royale
RITZ
LADURÉE
Rue de la
Rue St-Honoré
Place Vendôme
Ave. des Champs-Élysées
Concorde
Rue du Mont Thabor
Rue de
Place de la Concorde
MUSÉE DE L'ORANGERIE
Tuileries
JARDIN DES TUILERIES
Quai des Tuileries
SEINE
Quai Anatole France
Boulevard Saint-Germain
Rue de Lille
MUSÉE D'ORSAY
Rue Saint-Dominique
Rue du Bac
Quai

Opéra
Quatre Septembre
Bourse
Rue du Sentier
Rue St-Augustin
Rue de Richelieu
Rue Colbert
Rue Vivienne
Rue Réaumur
BIBLIOTHÈQUE NATIONALE
Rue d'Aboukir
Sentier
À PRIORI THÉ
Pyramides
Rue des Petits Champs
Rue Montmartre
LE GRAND VÉFOUR
Rue Étienne Marcel
Rue
Av. de l'Opéra
Rue du Louvre
PALAIS ROYAL
Rivoli
Palais Royal Musée du Louvre
JARDINS DES HALLES
Rue Berger
CAFÉ MARLY
Rue St-Honoré
Place du Carrousel
Louvre Rivoli
Rue de l'Amiral de Coligny
Rue de Rivoli
Mitterrand
PALAIS DU LOUVRE
Pont Neuf
PONT DES ARTS

Le Grand Véfour

17, rue de Beaujolais, 75001 Paris
☏ +33 1 42 96 56 27
www.grand-vefour.com
Métro: Palais Royal Musée du Louvre

The restaurant is situated next to the very pretty Palais Royal gardens. Its magnificent rooms with their cardinal-red banquettes, gold-framed mirrors, and details in unadulterated Directoire style are among the most beautiful in the city and are even listed for preservation. Worth a visit not least because of the interior and the location.

Das Restaurant liegt an den wunderschönen Gärten des Palais Royal. Seine prachtvollen Räume mit kardinalroten Sitzbänken, goldumrahmten Spiegeln und Details im reinen Directoire-Stil gehören zu den schönsten Interieurs der Stadt und stehen sogar unter Denkmalschutz. Schon wegen der Lage und des Interieurs lohnt ein Besuch.

Le restaurant est situé dans les merveilleux jardins du Palais Royal. Ses salles somptueuses – banquettes rouge cardinal, miroirs aux cadres dorés et détails du plus pur style Directoire – sont au nombre des plus beaux intérieurs de la ville et même classées site protégé. Mais sa cuisine remarquable mérite aussi d'être mentionnée – d'ailleurs le restaurant est membre des Relais & Châteaux, c'est tout dire.

Interior: Original Directoire style, listed for preservation.
Open: Closed on Friday evening, Saturday and Sunday; warm food served from 12:30 pm–2 pm, 8 pm–10 pm.
X-Factor: An excellent choice in up-market French cuisine.
Prices: 96 € lunch menu/298 € dinner menu.

Interieur: Original Directoire-Stil, denkmalgeschützt.
Öffnungszeiten: Freitagabend, Sa, So geschlossen; Küche geöffnet 12.30–14 Uhr, 20–22 Uhr.
X-Faktor: Gehobene französische Küche, exzellente Auswahl.
Preise: 96 € Menü (mittags)/298 € Menü (abends).

Décoration intérieure : Style Directoire d'origine, classé monument historique.
Horaires d'ouverture : Fermé le vendredi soir, le samedi et le dimanche; cuisine ouverte 12h30–14h, 20h–22h.
Le « petit plus » : Cuisine française supérieure, excellent choix.
Prix : 96 € menu (midi)/298 € menu (soir).

RESTAURANT
VEFOUR
CAFÉ
BRASSERIE
RESTAURANT
VEFOUR

Café Marly

93, rue de Rivoli, 75001 Paris
☎ +33 1 49 26 06 60
Métro: Palais Royal Musée du Louvre

Café Marly belongs to Gilbert Costes, was designed by Yves Taralon and Olivier Gagnère, and is a must because of the spectacular location. You can sit on the terrace in winter, too, where the view of the inner courtyard of the Louvre with I. M. Pei's glass pyramid is quite an experience, day or night. Inside the café, try to sit at a table where you can gaze at the sculpture garden in the Louvre.

Das Café Marly gehört Gilbert Costes, wurde von Yves Taralon und Olivier Gagnère gestaltet und ist wegen der spektakulären Lage ein Muss. Auf der Terrasse kann man auch im Winter sitzen, der Blick auf den Innenhof des Louvre mit der Glaspyramide von I. M. Pei ist ta gs wie nachts einfach ein Erlebnis. Im Innenraum sind die Tische empfehlenswert, die den Blick auf den eindrucksvollen Skulpturengarten im Louvre gestatten.

Appartenant à Gilbert Costes, le Café Marly a été décoré par Yves Taralon et Olivier Gagnère. Son emplacement spectaculaire explique à lui seul qu'on s'y arrête. Sa terrasse ouverte également en hiver offre une vue sur la cour intérieure du Louvre avec la pyramide de verre de I. M. Pei, qui est saisissante de jour comme de nuit. À l'intérieur du café, les meilleures tables sont celles donnant sur le jardin de sculptures du Louvre.

Open: Daily from 8 am–1:30 am.
X-Factor: The terrace with a view of the Louvre pyramid | Breakfast and light meals.
Prices: 16 € starters/25 € main course.

Öffnungszeiten: Täglich 8–1.30 Uhr.
X-Faktor: Terrasse mit Blick auf die Louvre-Pyramide | Frühstück, leichte Gerichte.
Preise: 16 € Vorspeise/25 € Hauptgericht.

Horaires d'ouverture : Tous les jours 8h–1h30 du matin.
Le « petit plus » : La terrasse avec vue sur la pyramide du Louvre | Petit-déjeuner, plats légers.
Prix : 16 € entrée/25 € plat principal.

Ladurée

16, rue Royale, 75008 Paris
☏ +33 1 42 60 21 79
www.laduree.com
Métro: Concorde/Madeleine

This was one of the first tearooms in Paris, a place where a woman could go alone, as opposed to cafés, and the interior has remained unchanged since 1862. The charming room is in unadulterated Empire style, and is worth a visit just to feel how life was in the old days. You may become addicted to the many different-flavoured home-made macaroons, and they are a delightful little present. Eat them freshly baked. After a cup of tea, on with the shopping trip – Gucci is waiting for you on the other side of the street, then Hermès, YSL, not to forget Stéphane Kélian.

Dies war einer der ersten Teesalons in Paris (den man, im Gegensatz zu Cafés, einst als Frau alleine besuchen konnte), und das Interieur ist seit 1862 unverändert. Der zauberhafte Raum in reinstem Empire selbst ist ein Erlebnis und lässt alte Zeiten wieder aufleben. Die selbst gemachten Makronen in zahlreichen Aromen machen süchtig – sie sind zudem ein wunderbares Mitbringsel, man sollte sie nur ganz frisch essen. Nach einer Tasse Tee kann der Einkaufsbummel weitergehen; gleich gegenüber wartet Gucci, gefolgt von Hermès, YSL und Stéphane Kélian.

L'un des premiers salons de thé parisiens (qu'une femme pouvait fréquenter jadis, contrairement aux cafés), son intérieur n'a pas changé depuis 1862. La magnifique salle dans le style Second Empire vaut le coup d'œil et transporte le consommateur dans le passé. Il est difficile de résister aux macarons faits maison. Existant en plusieurs parfums, ils constituent un délicieux cadeau, mais doivent être dégustés le plus tôt possible. Après une tasse de thé, le shopping peut continuer puisque Gucci se trouve en face, suivi d'Hermès, YSL et de Stéphane Kélian.

Open: Mon–Sat 8:30 am–7pm, Sun 10 am–7 pm.
X-Factor: A huge selection of the very best macaroons | Breakfast, lunch.
Prices: From 5 € for pastries/6.50 € for tea/18 € breakfast/34 € à la carte.

Öffnungszeiten: Mo–Sa 8.30–19 Uhr, So 10–19 Uhr.
X-Faktor: Die besten Makronen in großer Auswahl | Frühstück, Mittagessen.
Preise: ab 5 € Patisserie/6,50 € Tee/18 € Frühstück/34 € à la carte.

Horaires d'ouverture : Lun–Sam 8.30h–19h, Dim 10h–19h.
Le « petit plus » : Une belle sélection de délicieux macarons | petit-déjeuner, déjeuner.
Prix : Pâtisseries à partir de 5 €/thé 6,50 €/petit-déjeuner 18 €/34 € à la carte.

À Priori Thé

35–37, Galerie Vivienne, 75002 Paris
(Access from rue de la Banque, or rue des Petits Champs)
☏ +33 1 42 97 48 75
www.apriorithe.com
Métro: Bourse

The 19th-century glass-roofed shopping arcade is worth a visit for the architecture alone, and it is even better if you can squeeze in a visit to the tearoom with its colonial atmosphere. An exquisite afternoon tea, with a scone that melts on your tongue, or a piece of delicious chocolate cake or lemon cake – what a perfect afternoon.

Die mit Glas überdachten Einkaufspassagen aus dem 19. Jahrhundert sind schon dank ihrer Architektur ein lohnendes Ziel – und noch schöner, wenn man den Besuch mit einer Stippvisite im kolonial anmutenden Teesalon verbindet. Ein exquisiter Afternoon-Tea, dazu ein Scone, der auf der Zunge zergeht, oder ein Stück köstlicher Schokoladen- und Zitronenkuchen – und der Nachmittag ist perfekt.

Si les galeries marchandes aux toits de verre du 19e siècle valent le détour rien que pour leur architecture, une petite visite au salon de thé d'ambiance coloniale est la cerise sur le gâteau. Un thé de cinq heures exquis accompagné d'un scone qui fond sur la langue ou d'une part de délicieux gâteau au citron ou au chocolat, et l'après-midi nous sourit.

Open: Daily midday–6 pm | Reservation recommended for lunch.
X-Factor: Double-chocolate brownies, lemon cheesecake, scones.
Prices: 7 € cakes/22 € à la carte/5.50 € a pot of tea.

Öffnungszeiten: Täglich 12–18 Uhr | Mittags Reservierung empfohlen.
X-Faktor: Brownies mit zwei Schokoladensorten, Zitronen-Cheesecake, Scones.
Preise: 7 € Patisserie/22 € à la carte/ 5,50 € Teekanne.

Horaires d'ouverture : Tous les jours 12h–18 h | Réserver de préférence pour le déjeuner.
Le « petit plus » : Brownies au deux chocolats, cheesecake au citron, scones.
Prix : 7 € pâtisserie/22 € à la carte/5,50 € théière.

LIBRAIRIE ANCIENNE MODERNE
35
A Priori Thé
A Priori Thé
lundi - vendredi : de 9h à 18h
Samedi de 9h à 18h30
Dimanche de 12h30 à 18h30
01 42 97 48 75

Ave. Foch
ARC DE TRIOMPHE
Rue de la Pompe
Avenue
Avenue Victor Hugo
Kléber
Avenue D'Iéna
Avenue
Ave. Bugeaud
Victor Hugo
Place Victor Hugo
Lauriston
Kléber
Rue Boissière
Raymond
Rue
CRISTAL ROOM
Rue
BAR D
Boissière
Lubeck
de
Ave. d'Iéna
Rue de Chai
Avenue Pierre
PALA GALI
Avenue
Poincaré
Ave. d'Eylau
Rue
Président Wi
Iéna
Avenue du
MONSIEUR BLEU
York
Place du Trocadéro et du 11 Novembre
Trocadéro
Ave. de New
MUSÉE DE LA MARINE
JARDINS DU TROCADÉRO
Bra
Quai
Place de Varsovie
PALAIS DE CHAILLOT
MUSÉE DU QUAI DE B

Rue Balzac
Rue Washington
Rue de Berri
Rue du Faubourg St-Honoré
La Boétie
St-Philippe du Roule
George V
Rue des Champs-Élysées
Rue de Ponthieu
Avenue Franklin
MARKET
Ave. Matignon
LA MAISON DU CAVIAR
Avenue George V
Rue Pierre Charron
Franklin-D. Roosevelt
Rond-Point des Champs-Élysées
R.
Serbie
François 1er
L'AVENUE
Avenue Montaigne
D. Roosevelt
GRAND PALAIS
Alma-Marceau
Cours Albert 1er
Cours la Reine
SEINE
Pont de l'Alma
Quai d'orsay
Ave. Rapp
Ave. Bosquet
Rue de l'Université

Market

15, Avenue Matignon, 75008 Paris
☏ +33 1 56 43 40 90
www.jean-georges.com
Métro: Franklin-D. Roosevelt

Elegant and absolutely en vogue. Market belongs to Jean-Georges Vongerichten, who runs a dozen or more fashionable venues throughout the world, including Vong in New York. Christian Liaigre has designed the room very stylishly, and the cuisine served here is very distinctive. The proprietor's own tip is the poisson cru (raw fish), for example, sea bream in olive oil.

Elegant und absolut „en vogue". Das Market gehört Jean-Georges Vongerichten, der noch ein gutes Dutzend weiterer Restaurants in aller Welt betreibt, darunter das Vong in New York. Hier in Paris hat Christian Liaigre den Raum sehr chic ausgestattet, dazu wird eine aromatische Küche serviert. Tipp des Besitzers ist der „poisson cru", der rohe Fisch, zum Beispiel Dorade mit Olivenöl.

Élegant et absolument « en vogue », le Market appartient à Jean-Georges Vongerichten, qui possède également une bonne douzaine d'établissements dans le monde entier, dont le Vong à New York. Ici à Paris, c'est Christian Liaigre qui s'est chargé de la décoration. Très chic, le Market sert une cuisine aromatique. Le propriétaire nous recommande son poisson cru, une dorade par exemple, avec un filet d'huile d'olive.

Open: Lunchtime: daily midday–4 pm; evenings: daily 7 pm–11:30 pm; brunch: daily midday-4 pm.
X-Factor: Pizza with black truffles and Fontina.
Prices: From 39 € main course/39 € set lunch menu.

Öffnungszeiten: Mittags: täglich 12–16 Uhr; abends: täglich 19–23.30 Uhr; Brunch: täglich 12-16 Uhr.
X-Faktor: Pizza mit schwarzen Trüffeln und Fontina.
Preise: Ab 39 € Hauptgericht/39 € Lunch-Menü.

Horaires d'ouverture : midi : tous les jours 12h–16h; le soir : tout les jours 19h–23h30 ; brunch : tous les jours 12h-16h.
Le « petit plus » : La pizza truffe noire et fontina.
Prix : Plat principal à partir de 39 €/39 € lunch formule.

market,

Bar du George V

Four Seasons Hôtel George V
31, Avenue George V, 75008 Paris
☏ +33 1 49 52 70 06
www.fourseasons.com
Métro: George V

If you need a change from Andrée Putman's design or the cool people in the Pershing Lounge or in L'Avenue, then it is time to move on to the cosy, traditional bar in the George V. It is only a few hundred metres to walk, and offers discreet professional service and excellent drinks and snacks.

Wenn man das Design von Andrée Putman und die coolen Leute in der Pershing Lounge oder im L'Avenue nicht mehr sehen kann, sollte man in die gemütliche, traditionelle Bar des George V wechseln. Sie ist nur ein paar Hundert Meter entfernt, bietet einen diskreten professionellen Service, exzellente Drinks und Snacks.

Si on ne peut plus supporter le design d'Andrée Putman ni les clients très cools du Pershing Lounge ou de l'Avenue, il faut alors se rendre au bar confortable et traditionnel du George V. Situé à quelques centaines de mètres de là, il propose un service professionnel et discret, des boissons excellentes ainsi que des snacks.

Open: Sun–Thu 10 am–1:30 am, Fri/Sat 10 am–2:30 am; warm food served 10 am–6 pm; snacks 6 pm-midnight.
X-Factor: Excellent sandwiches, good choice of small dishes and martinis.
Prices: 50 € sandwiches/62 € main course/105 € à la carte/cocktail 28 €.

Öffnungszeiten: So–Do 10–1.30 Uhr, Fr/Sa 10–2.30 Uhr; Küche 10–18 Uhr, Snacks 18–24 Uhr
X-Faktor: Hervorragende Sandwiches, gute Auswahl an kleinen Gerichten und Martinis.
Preise: 50 € Sandwich/62 € Hauptgericht/105 € à la carte/Cocktail 28 €.

Horaires d'ouverture : Dim–Jeu 10h–1h30 du matin, Ven/Sam 10h–2h30 du matin ; cuisine 10h–18h ; snacks 18h–24h.
Le « petit plus » : Délicieux sandwichs, bon choix de plats simples et légers et de martinis.
Prix : 50 € sandwich/62 € plat principal/105 € à la carte/cocktail 28 €.

L'Avenue

41, Avenue Montaigne, 75008 Paris
☎ +33 1 40 70 14 91
Métro: Franklin-D. Roosevelt/Alma-Marceau

It is not only for the light and healthy cuisine that people come here, but also because of its slim and beautiful, calorie-conscious followers. It is always the young, well-dressed people who sit in L'Avenue, as well as stars of the cinema and television who have arranged to meet journalists here for an interview. The interior, designed by Jacques Garcia, is just as trendy in violet velvet and gold. Stop by for a drink in the bar on the second floor before or after your meal.

Hier geht man nicht nur wegen der leichten und gesunden Küche hin, sondern auch wegen ihrer schönschlanken und kalorienbewussten Anhänger. Im L'Avenue sitzen immer junge, gut gekleidete Menschen sowie Stars aus Film und Fernsehen, die sich hier mit Journalisten zum Interview verabredet haben. Das Interieur von Jacques Garcia gibt sich ebenso trendig in lila Samt und Gold. Vor oder nach dem Essen kann man noch auf einen Drink in der Bar im zweiten Stock vorbeischauen.

On se rend ici non seulement à cause de la cuisine légère et saine, mais aussi pour les habitués minces et soucieux de leur ligne. Les clients de L'Avenue sont toujours de jeunes gens bien habillés ou des vedettes du cinéma et de la télévision. La décoration intérieure de Jacques Garcia est elle aussi « trendy » avec ses dorures et son velours lilas. Avant et après le repas, on peut monter au deuxième étage pour boire un verre au bar.

Open: Mon–Sat 8 am–2 am, Sun 9 am–1 am.
X-Factor: Light and healthy cuisine.
Prices: 12–38 € starters/24–58 € main course.

Öffnungszeiten: Mo–Sa 8–2 Uhr, So 9–1 Uhr.
X-Faktor: Leichte und gesunde Küche.
Preise: 12–38 € Vorspeise/24–58 € Hauptgericht.

Horaires d'ouverture : Lun–Sam 8h–2h du matin, Dim 9h–1h du matin.
Le « petit plus » : Cuisine légère et saine.
Prix : 12–38 € entrée/24–58 € plat principal.

ENUE
L'AVENUE

TAXIS

La Maison du Caviar

21, rue Quentin Bauchart, 75008 Paris
☏ +33 1 47 23 53 43
www.caviar-volga.com
Métro: George V

La Maison du Caviar is a classic institution in Paris, a very comfortable restaurant in the Russian tradition. Here you sit at small tables or at the long bar and treat yourself to the finest caviar. Should this be too expensive for you, ask for the delicious smoked wild salmon or crab, or order the classic Bœuf Stroganoff.

La Maison du Caviar ist eine klassische Institution in Paris, ein Restaurant in russischer Tradition und sehr gemütlich. Hier sitzt man an kleinen Tischen oder an der langen Bar und gönnt sich feinsten Kaviar. Wem der zu teuer ist, kann köstlichen geräucherten Wildlachs oder Krebse bestellen – oder ordert den Klassiker Bœuf Stroganoff.

Devenue une véritable institution à Paris, La Maison du Caviar est un restaurant de tradition russe très agréable. On y est assis à des petites tables ou au grand comptoir et l'on y déguste un excellent caviar. Mais on peut aussi, et pour moins cher, commander un délicieux saumon fumé, des crevettes ou le classique bœuf Stroganoff.

Open: Mon–Sat midday–2.30pm; 7–11pm.
X-Factor: A good selection of caviar and Russian dishes, smoked salmon.
Prices: approx. 150 € meal with caviar/ c. 80 € meal without caviar.

Öffnungszeiten: Mo–Sa 12–14.30 Uhr; 19–23 Uhr.
X-Faktor: Große Auswahl an Kaviar und russischen Gerichten, geräucherter Lachs.
Preise: ca. 150 € Gericht mit Kaviar/ ca. 80 € Gericht ohne Kaviar.

Horaires d'ouverture : Lun–Sam 2h–14h30; 19h–23h.
Le « petit plus » : Grand choix de caviar et de plats russes, saumon fumé.
Prix : env. 150 € plat avec caviar/env. 80 € plat sans caviar.

La Cristal Room Baccarat

Maison Baccarat
11, Place des États-Unis, 75116 Paris
☏ +33 1 40 22 11 10
www.baccarat.fr
Métro: Boissière/Kléber

The best place to celebrate the newly acquired Baccarat items with a glass of wine – the wine list here is rather good. The restaurant has also been designed by Philippe Starck – très chic and with an ambience touching on Baroque. The dishes, mainly French, are fantastic, but expensive.

Der beste Platz, um die neu erstandenen Baccarat-Stücke bei einem Glas Wein zu feiern (die Weinkarte kann sich sehen lassen). Auch das Restaurant ist von Philippe Starck im barock inspirierten Ambiente und „très chic" gestaltet worden. Die überwiegend schlichten französischen Gerichte sind grandios, aber teuer.

Le meilleur endroit pour fêter ses nouvelles acquisitions de Baccarat en dégustant un bon vin (la carte des vins peut d'ailleurs rivaliser avec les plus grandes). D'inspiration baroque, le restaurant a été lui aussi aménagé par Philippe Starck et se distingue par son élégance. La cuisine surtout française que l'on y sert est raffinée, mais onéreuse.

Open: Closed on Sunday; food served 12 pm–2 pm, 7:30 pm–10 pm | Reservation essential.
X-Factor: Spectacular crystal decoration; imaginative dishes, such as Maine lobster coulibiac, excellent wines.
Prices: 100–120 € à la carte/150–200 € set menu.

Öffnungszeiten: So geschlossen; Küche 12–14 Uhr, 19.30–22 Uhr | Reservierung erforderlich.
X-Faktor: Spektakuläre Kristalldekoration. Fantasievolle Gerichte, wie amerikanischer Hummer in Pastete, exzellente Weine.
Preise: 100–120 € à la carte/150–200 € Menü.

Horaires d'ouverture : Fermé le dimanche; restaurant 12h–14h, 19h30–22h | Sur réservation.
Le « petit plus » : Décoration en cristal spectaculaire. Plats originaux, comme Homard du Maine avec la chair en koulibiac, excellents vins.
Prix : 100–120 € à la carte/150–200 € menu.

Monsieur Bleu

20, Avenue de New York, 75116 Paris
☏ +33 1 47 20 90 47
www.monsieurbleu.com
Métro: Iéna, Alma Marceau

Monsieur Bleu is twice blessed, as it is now an extremely appealing restaurant which has also been adopted by the right clientele; many in Paris now regard it as the best restaurant in the city. Maître Benjamin Masson was previously the chef in Pétrus, a brasserie in the 17th arrondissement, so he knows what art lovers, fashion bosses, and intellectuals like to eat. So there are lobster rolls and other American specialties, the consumption of which still gives French people a frisson of guilty pleasure. However, down-to-earth fare, like Breton blood sausage or frogs legs Provençal, is also on the menu.

Das vom Architekten Joseph Dirand gestaltete Restaurant Monsieur Bleu ist ein doppelter Glücksfall, denn es ist ein ausgesprochen hübsches und dazu noch vom richtigen Publikum angenommenes Restaurant; in Paris meinen viele, es sei das derzeit beste Restaurant in der Stadt. Maître Benjamin Masson hat zuvor in der Brasserie Petrus im 17. Bezirk gekocht und weiß daher, was Kunstliebhaber, Modemanager und Intellektuelle am liebsten verspeisen. Also gibt es Lobster Rolls und andere US-Spezialitäten, deren Verzehr für Franzosen noch immer die Frisson eines Guilty Pleasure mit sich bringt. Es gibt aber auch Bodenständiges wie bretonische Blutwurst oder Froschschenkel provençal.

Conçu par l'architecte Joseph Dirand, le Monsieur Bleu est un double coup de chance car il est un restaurant vraiment très joli et en plus adopté par le public adéquat ; beaucoup à Paris soutiennent que c'est aujourd'hui le meilleur restaurant de la ville. Le chef Benjamin Masson a d'abord officié à la brasserie Petrus, dans le 17e arrondissement, et connaît les plats que préfèrent les amoureux d'art, les managers de mode et les intellectuels. On y trouve donc des Lobster Rolls et d'autres spécialités américaines dont la consommation donne encore aux Français le frisson du plaisir défendu. D'autres plats sont plus proches du terroir comme le boudin breton ou les cuisses de grenouilles provençales.

Open: Midday–2 am.
X-Factor: There is a perfect view of the Eiffel Tower from the terrace, as well as a valet parking service.
Prices: 30–50 €.

Öffnungszeiten: 12–2 Uhr.
X-Faktor: Von der Terrasse aus hat man die beste Aussicht auf den Eiffelturm! Und es gibt Valet Parking Service.
Preise: 30–50 €.

Horaires d'ouverture : 12h–2 h.
Le « petit plus » : Depuis la terrasse, on a la plus belle vue sur la tour Eiffel ! Et il y a un service de voiturier.
Prix : 30–50 €.

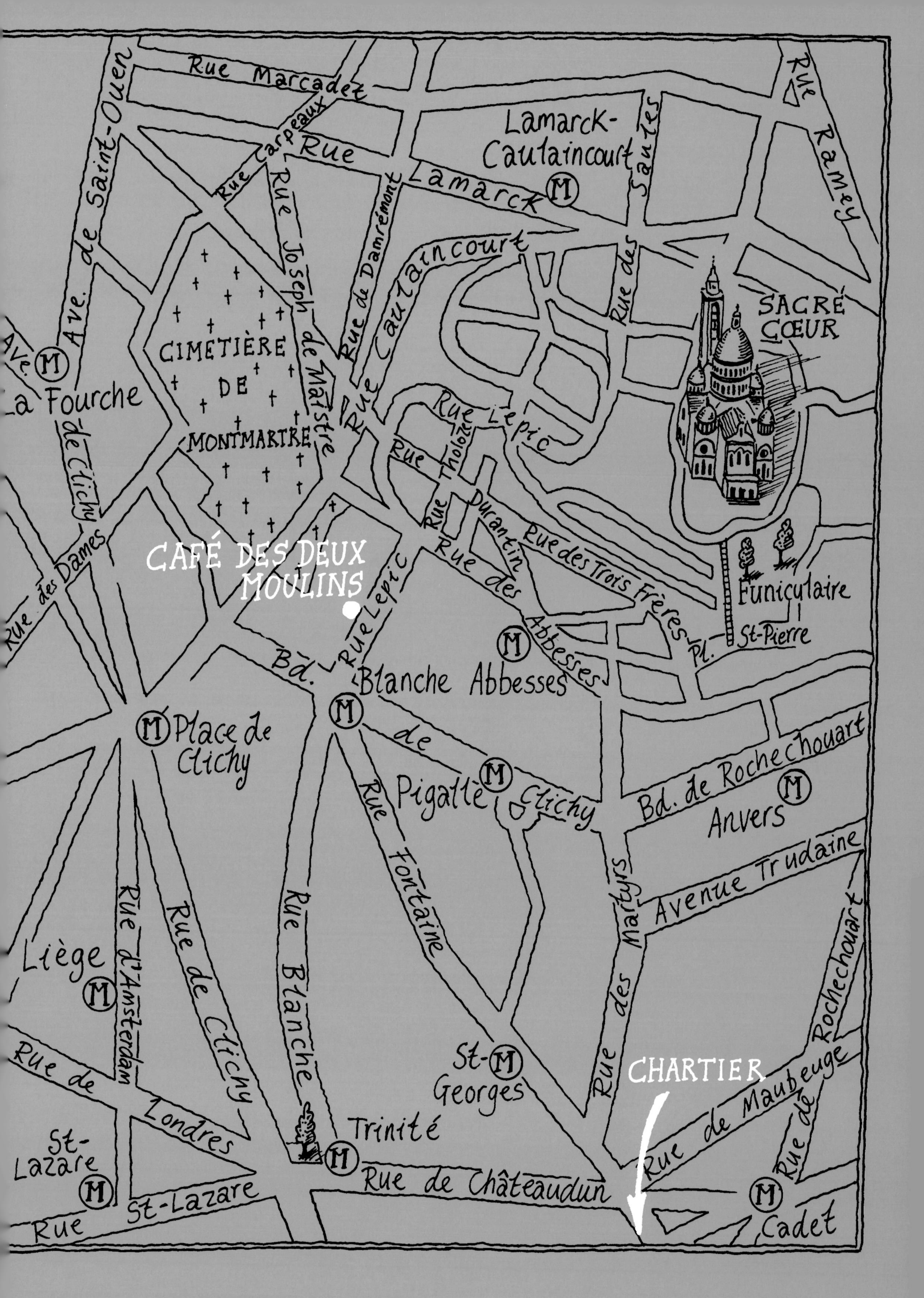

Rue Marcadet
Rue Carpeaux
Rue Lamarck
Lamarck-Caulaincourt
Rue des Saules
Rue Ramey
Ave. de Saint-Ouen
Rue Joseph de Maistre
Rue de Damrémont
Rue Caulaincourt
Rue des Saules
SACRÉ CŒUR
CIMETIÈRE DE MONTMARTRE
Ave.
La Fourche
Ave. de Clichy
Rue Lepic
Rue Tholozé
Rue Durantin
Rue des Trois Frères
Rue des Dames
CAFÉ DES DEUX MOULINS
Rue Lepic
Rue des Abbesses
Funiculaire
Pl. St-Pierre
Bd. Blanche
Abbesses
Place de Clichy
de Clichy
Pigalle
Bd. de Rochechouart
Anvers
Avenue Trudaine
Rue Fontaine
Rue des Martyrs
Rue d'Amsterdam
Rue de Clichy
Rue Blanche
Liège
Rue de Londres
St-Georges
CHARTIER
Rue de Maubeuge
Rue de Rochechouart
St-Lazare
Trinité
Rue de Châteaudun
Rue St-Lazare
Cadet

Chartier

7, rue du Faubourg Montmartre, 75009 Paris
☏ +33 1 47 70 86 29
www.restaurant-chartier.com
Métro: Grands Boulevards

Opened in 1896, this unpretentious fin-de-siècle restaurant has at last been officially made into a historical monument. Here you are served good, plain, French fare in an authentic and lively enviro ment. This includes not only eggs with mayonnaise, bœuf bourguignon and pot-au-feu, as well as the heartier sort of food, like tongue, brain of lamb and boiled head of calf as well as light dishes. As the prices are comparatively low, you usually have to queue to get a table – but the wait is worth it.

1896 eröffnet, ist dieses unprätentiöse Fin-de-Siècle-Restaurant nun offiziell ein historisches Denkmal. Hier bekommt man in authentischer und lebendiger Atmosphäre gute französische Hausmannskost. Neben Mayonnaise-Eiern, Bœuf bourguignon und Pot-au-feu gibt es Deftiges mit Zunge, Lammhirn und gekochtem Kalbskopf, aber auch leichte Gerichte. Da die Preise relativ niedrig sind, muss man meist Schlange stehen, um einen Tisch zu bekommen, doch das Warten lohnt.

Ouvert en 1896, ce restaurant fin de siècle sans prétentiou possède une salle classée aux monuments historiques. On peut y déguster des plats typiquement français dans une atmosphère vivante et authentique. À côté des œufs durs mayonnaise, du bœuf bourguignon et du pot-au-feu, on peut aussi commander de la langue de veau, de la cervelle d'agneau et de la tête de veau bouillie. Les prix étant relativement modestes, il faut souvent attendre pour avoir une table, mais cela en vaut la peine.

History: Opened 1896 | Historical building with the original decor of the 1890s.
Open: Daily 11:30 am–10 pm.
X-Factor: Plain French home cooking | Speciality: Pot-au-feu.
Prices: 3.50 € starters/10 € main course/ 3.50 € dessert.

Geschichte: 1896 eröffnet | Historisches Gebäude mit Dekor aus den 1890ern.
Öffnungszeiten: Täglich 11.30–22 Uhr.
X-Faktor: Französische Hausmannskost | Spezialität: Pot-au-feu.
Preise: 3,50 € Vorspeise/10 € Hauptgericht/3,50 € Dessert.

Histoire : Ouvert en 1896 | Bâtiment historique avec décor des années 1890.
Horaires d'ouverture : Tous les jours 11h30–22h.
Le « petit plus » : Cuisine française traditionnelle | Spécialité : pot-au-feu.
Prix : 3,50 € entrée/10 € plat principal/ 3,50 € dessert.

Café des Deux Moulins

15, rue Lepic, 75018 Paris
☏ +33 1 42 54 90 50
Métro: Blanche

This café shot to fame through the wonderful, low-budget, French film "Amélie", with Audrey Tatou (2001), which was nominated for five Oscars. The walls are now adorned with photos of the actress, but otherwise the atmosphere of the 1950s remains the same, as does the menu. There you can find the traditional classics like steak, frisée lettuce with fried diced bacon and goat's cheese or Camembert with a glass of Côtes du Rhône.

Berühmt wurde dieses Café durch den wunderbaren französischen Low-Budget-Film „Die wunderbare Welt der Amélie" mit Audrey Tatou (2001), der für fünf Oscars nominiert wurde. Die Wände zieren jetzt Fotos der Schauspielerin – ansonsten ist die Atmosphäre der 1950er aber erhalten geblieben; ebenso die Speisekarte. Auf der stehen Klassiker wie Steaks, Friséesalat mit gebratenem Speck und Ziegenkäse oder Camembert mit einem Glas Côtes du Rhône.

Ce café doit sa célébrité au film à petit budget « Le Fabuleux Destin d'Amélie Poulain » avec Audrey Tatou (2001), un film cinq fois nominé aux Oscars. Hormis les photos de l'actrice qui décorent les murs, le café a gardé son atmosphère des années 1950, tout comme la carte d'ailleurs qui propose des plats classiques comme le beefsteak, la salade frisée aux petits lardons, le fromage de chèvre ou le camembert. Le tout accompagné d'un verre de côtes-du-Rhône.

Open: Daily 7 am–2 am.
X-Factor: Location for the film "Amélie" (2001) | Specialities: entrecôte, crème brûlée.
Prices: 15 € menu/7 € dessert/6 € wine (glass) | Credit cards: Visa only.

Öffnungszeiten: Täglich 7–2 Uhr.
X-Faktor: Drehort des Films „Die wunderbare Welt der Amélie" (2001) | Spezialitäten: Entrecôte, Crème brûlée.
Preise: 15 € Menu/ 7 € Dessert/ 6 € Wein (Glass) | Kreditkarten: nur Visa.

Horaires d'ouverture : Tous les jours 7h–2h.
Le « petit plus » : Lieu de tournage du film « Le Fabuleux Destin d'Amélie Poulain » (2001) | Spécialités : entrecôte, crème brûlée.
Prix : 15 € menu/7 € dessert /6 € vin (verre) | Cartes de crédit : Uniquement Visa.

CAFE des 2 MOULINS
BRASSERIE
BUFFET CHAUD et FROID
GRIMBERGEN
BAR BRASSERIE
GRIMBERGEN
Kronenbourg
BRASSERIE
GRIMBERGEN
RUE LEPIC
MENU
HAPPY HOUR
Le Fabuleux Destin d'Amélie Poulain
JEAN-PIERRE JEUNET

Étienne Marcel
Rue
de
Arts-et Métiers
Les Halles
Sébastopol
Martin
Beaubourg
Temple
Rue
FORUM DES HALLES
Rambuteau
Rue
Rue
Saint-
GEORGES
du Renard
Rue
Rambuteau
des
Boulevard de
Rue du
Rue
des Halles
Rue
Rue
BENOIT
Châtelet
MARIAG
FRÈRE
R. de Moussy
R. du Bourg Tibourg
Rue
Au
Rue
Rivoli
Hôtel de Ville
Quai de Gesvres
Quai de l'Hôtel de Ville
SEINE
Bd. du Palais
ÎLE DE LA CITÉ
Cathédrale Notre-Dame
ÎLE ST-LOUIS

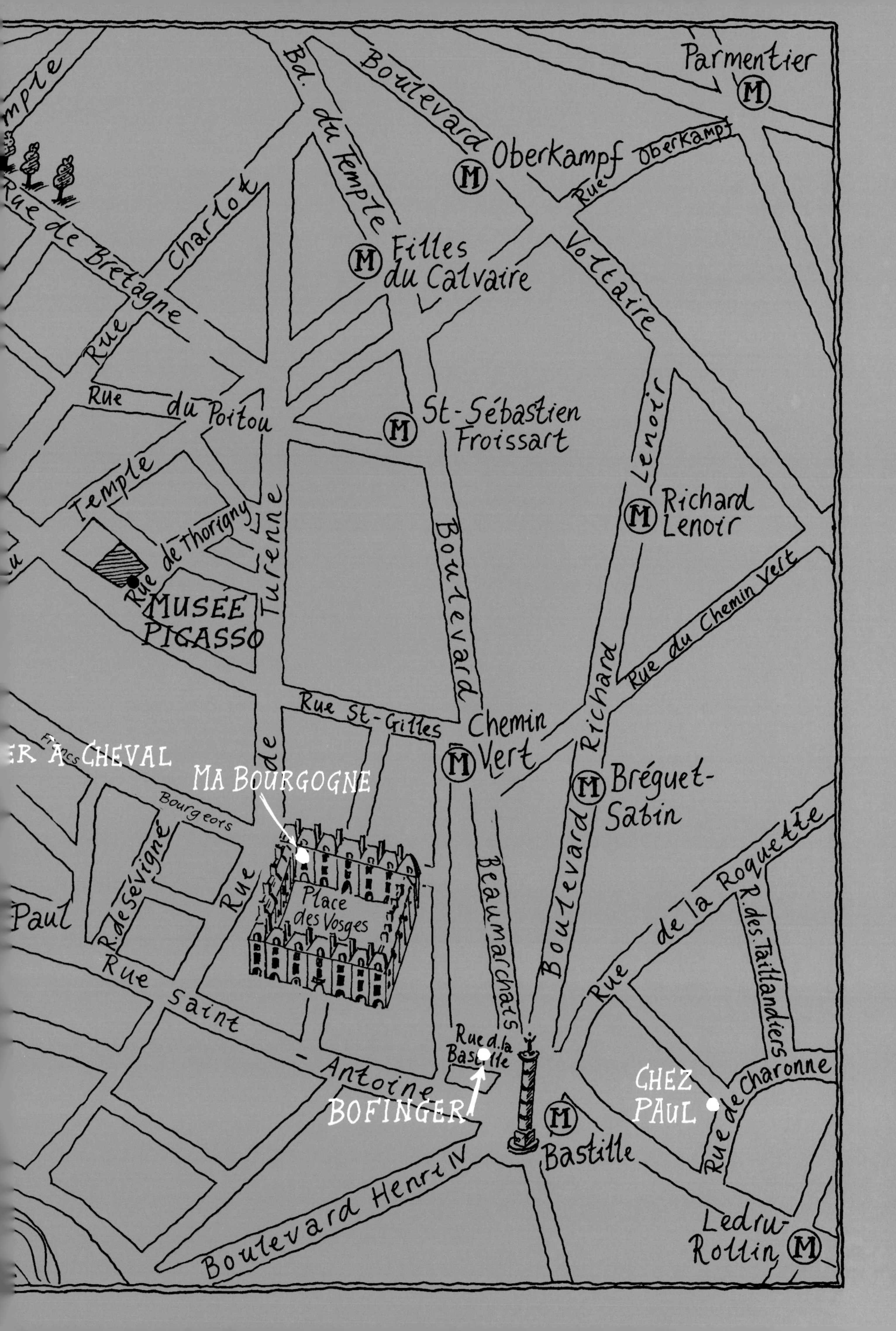
Parmentier
Boulevard
Oberkampf
Rue Oberkampf
Bd. du Temple
Rue Charlot
Rue de Bretagne
Filles du Calvaire
Voltaire
Rue du Poitou
St-Sébastien Froissart
Lenoir
Richard Lenoir
Temple
Rue de Thorigny
MUSÉE PICASSO
Rue de Turenne
Boulevard
Rue du Chemin Vert
Boulevard Richard
Rue St-Gilles
Chemin Vert
ER À CHEVAL
Francs Bourgeois
MA BOURGOGNE
Bréguet-Sabin
R. de Sévigné
Place des Vosges
Beaumarchais
Boulevard
Rue de la Roquette
R. des Taillandiers
Paul
Rue Saint Antoine
Rue d. la Bastille
BOFINGER
CHEZ PAUL
Rue de Charonne
Bastille
Boulevard Henri IV
Ledru-Rollin

Ma Bourgogne

19, Place des Vosges, 75004 Paris
☏ +33 1 42 78 44 64
Métro: Bastille/Chemin Vert

A popular restaurant with guests, who come back again and again – not just for the food but above all because of its location. One can sit under the arcades until late into the autumn (thanks to heat lamps) and enjoy the view across the wonderful Place des Vosges. Frisée lettuce salad with fried diced bacon and boiled leeks with vinaigrette are recommended. Locals love the typical French tartare, which is always freshly prepared.

Ein beliebtes Restaurant, zu dem man immer wieder zurückkehrt – wegen der Karte und vor allem auch wegen der Lage: Bis in den Spätherbst hinein (Wärmestrahlern sei Dank) sitzen die Gäste unter den Arkaden mit Blick auf die wunderschöne Place des Vosges. Empfehlenswert sind der Friséesalat mit gebratenem Speck und der gekochte Lauch mit Vinaigrette. Einheimische lieben auch den typisch französischen Tatar, der ganz frisch zubereitet wird.

Un restaurant apprécié à cause de son menu mais surtout à cause de son emplacement privilégié. Jusqu'à la fin de l'automne (la terrasse est chauffée), les clients peuvent en effet rester assis sous les arcades et admirer la superbe Place des Vosges. On recommande la salade de chicorée frisée aux lardons et le poireau vinaigrette, sans oublier le steak tartare typiquement français.

Open: Mon–Sun 8 am–1 am; warm food served midday–1 am.
X-Factor: View of Place des Vosges | Speciality: beef tartare.
Prices: 40–55 € à la carte/38 € set menu | No credit cards.

Öffnungszeiten: Mo–So 8–1 Uhr; Küche geöffnet 12–1 Uhr.
X-Faktor: Blick auf die Place des Vosges | Spezialität: Rindfleisch-Tatar.
Preise: 40–55 € à la carte/38 € Menü | Keine Kreditkarten.

Horaires d'ouverture : Lun–Dim 8h–1h du matin ; cuisine ouverte 12h–1h.
Le « petit plus » : Vue sur la place des Vosges | Spécialité : tartare de bœuf.
Prix : 40–55 € à la carte/38 € menu | Cartes de crédit non acceptées.

Ma Bourgogne
dégustez
ses
Glaces
sorbets
Berthillon
crêpes
CREPES MAISON
TOILETTES
TELEPHONE
au 1er ETAGE

Dégustez
CREPES

Bofinger

5–7, rue de la Bastille, 75004 Paris
☎ +33 1 42 72 87 82
www.bofingerparis.com
Métro: Bastille

In 1864 Bofinger, which was already selling its legendary sausages, started serving the first draft beer in Paris. Today the restaurant, a haunt of international and French film stars, is worth a visit for its wonderful original Art Nouveau interior and its excellent seafood.

Bofinger ist die älteste Brasserie von Paris – 1864 bekam man hier eine legendäre Charcuterie und das erste frisch gezapfte Bier der Stadt. Heute sollte man das Restaurant wegen des wunderschönen originalen Jugendstil-Interieurs besuchen und sich hier die ausgezeichneten Meeresfrüchte bestellen, wie es auch französische und internationale Filmstars tun.

Bofinger est la plus ancienne Brasserie alsacienne de Paris – en 1864 on pouvait y déguster une charcuterie légendaire et on y tirait la première bière pression de la capitale. Le restaurant vaut encore le détour pour son superbe décor Belle Époque d'origine. Les stars du cinéma français et international apprécient ses excellents plateaux de fruits de mer.

History: Oldest brasserie in Paris, opened in 1864.
Interior: Spectacular Art Nouveau glass dome.
Open: Mon–Sat midday–3 pm, 6:30 pm–midnight, Sun midday–11 am.
X-Factor: Excellent seafood.
Prices: 36.50 € menu/70 € à la carte.

Geschichte: Die älteste Brasserie in Paris, 1864 eröffnet.
Interieur: Spektakuläre Art-nouveau-Glaskuppel.
Öffnungszeiten: Mo–Sa 12–15 Uhr, 18.30–24 Uhr, So 12–23 Uhr.
X-Faktor: Exzellente Meeresfrüchte.
Preise: 36,50 € Menü/70 € à la carte.

Histoire: La plus vieille brasserie de Paris, ouverte en 1864.
Décoration intérieure : Coupole de verre spectaculaire dans le style Art nouveau.
Horaires d'ouverture : Lun–Sam 12h–15h, 18h30–24h, Dim 12h–23h.
Le « petit plus » : Excellents fruits de mer
Prix : 36,50 € menu/70 € à la carte.

BOFINGER

Chez Paul

13, rue de Charonne, 75011 Paris
☏ +33 1 47 00 34 57 +33 1 77 17 45 42
contact@chezpaul.com
www.chezpaul.com
Métro: Bastille, Ledru Rollin

Few cities in the civilized world can have kept the past alive for as long as Paris. Walking into Chez Paul you can imagine yourself in the age of coachmen and market girls. The interior as well as the waiters all seem to have stepped out of the good old days, an impression that a browse through the leather-bound menu will confirm. Vegetarians and certainly vegans would be wise to walk past Chéz Paul, as well as people who have to avoid gluten, cholesterol, or butter. Snails are on the menu here, and it goes without saying that the obvious addition á l'ancienne is superfluous. There's peppered steaks too, and tarte tatin or brioche with cream and ice-cream for dessert. If you order the potato gratin, however, you won't feel like any more cream.

Open: 12–3 pm, 7 pm–12:30 am.
X-Factor: There is a quiet dining area on the first floor – perfect for a cosy tête-à-tête.
Prices: 20–40 €.

In wenigen Städten der zivilisierten Welt wird das Vergangene noch derart lange lebendig gehalten. Der im Chéz Paul Eintretende wähnt sich im Zeitalter von Kutschern und Marktmädchen. Sowohl das Interieur als auch die Kellner scheinen der guten alten Zeit zu entstammen, was durch einen Blick in die ledergebundene Speisekarte zur Gewissheit wird. Vegetarier oder gar Veganer sollten das Chéz Paul besser meiden, ebenso wer auf Gluten, Cholesterin oder Butter verzichten muss. Schnecken gibt es hier – ohne den Zusatz *á l'ancienne*, denn das versteht sich von selbst. Es gibt Pfeffersteak und als Nachtisch Tarte Tatin oder Brioche mit Sahne und Eiscreme. Wobei: Wer das Kartoffelgratin bestellt, dürfte keinerlei Sahnebedürfnis mehr verspüren.

Öffnungszeiten: 12–15 Uhr, 19–0.30 Uhr
X-Faktor: Im ersten Stock befindet sich ein ruhiger Gastraum – wie geschaffen für ein Tête-à-tête.
Preise: 20–40 €.

Seules peu de villes du monde civilisé maintiennent aussi longtemps en vie le passé. Entrer Chez Paul, c'est se croire au temps des cochers et des vendeuses du. L'intérieur tout comme les serveurs semblent surgis du bon vieux temps, ce que confirme un coup d'œil sur la carte à reliure de cuir. Les végétariens, sans parler des végétaliens, feraient mieux d'éviter Chez Paul, comme tous ceux qui doivent renoncer au gluten, au cholestérol ou au beurre. On sert des escargots – sans préciser à l'ancienne car cela va de soi. On sert des steaks au poivre et en dessert de la tarte tatin ou de la brioche à la crème et une crème glacée. Ceci dit, ceux qui commanderont le gratin de pommes de terre ne devraient plus ressentir le moindre besoin de crème.

Horaires d'ouverture : 12h–15h, 19h–0h30.
Le « petit plus » : Le premier étage abrite une salle très calme, comme faite pour un tête-à-tête.
Prix : 20–40 €.

CHAMPIONNAT DU MONDE
LUNDI 1er AVRIL à 20h15
PALAIS DES SPORTS
D'AGATA
HALIMI
qui boit... VABÉ va bien...
ZAGAT RATED
SALLE au 1er
DATE DE VALIDITÉ DES BILLETS

Au Petit Fer à Cheval

30, rue Vieille du Temple, 75004 Paris
☏ +33 1 42 72 47 47
www.cafeine.com
Métro: St-Paul

The mere sight of the small bar with a few chairs on rue Vieille du Temple tempts guests to take a seat, drink a beer and watch life passing by. It owes its name to the horseshoe-shaped bar made of brass, where locals meet up to relax. The beautiful mosaic floor – its designer was inspired by Victor Horta – contributes much to the great charm of this delightful place.

Wenn man die kleine Bar mit ein paar Stühlen auf der rue Vieille du Temple sieht, möchte man sich dort sofort hinsetzen, ein Bier trinken und das Treiben auf der Straße beobachten. Namensgeber des Lokals war die hufeisenförmige Bar aus Messing, an der sich fröhliche Gäste aus der Nachbarschaft treffen. Zum enormen Charme dieser hübschen Location trägt auch der schöne Mosaikboden bei, dessen Gestaltung von Victor Horta inspiriert wurde.

Lorsqu'on voit le petit café-restaurant et ses quelques chaises dans la rue Vieille du Temple, on désire aussitôt s'asseoir, boire un verre et observer ce qui se passe autour de nous. Le zinc en forme de fer à cheval a donné son nom à ce point de rencontre des joyeux drilles du quartier. Le très beau sol en mosaïque inspiré des œuvres de Victor Horta contribue à lui donner un charme fou.

History: Opened for the first time in 1903.
Interior: The decor is early 20th century, with a large horseshoe-shaped bar and a beautiful mosaic floor.
Open: Daily 9 am–2 am; warm food served midday–1:15 am.
Prices: 14.50 € main course/4 € sandwich.

Geschichte: Erstmals 1903 eröffnet.
Interieur: Dekor vom Anfang des 20. Jahrhunderts mit großer hufeisenförmiger Bar und schönem Mosaikboden.
Öffnungszeiten: Täglich 9–2 Uhr; Küche geöffnet 12–1.15 Uhr.
Preise: 14,50 € Hauptgericht/4 € Sandwich.

Histoire: Ouvert pour la première fois en 1903.
Décoration intérieure : Décoration du début du 19e siècle avec comptoir en forme de fer à cheval et très joli sol en mosaïque.
Horaires d'ouverture : Tous les jours 9h–2h du matin ; cuisine ouverte 12h–1h15 du matin.
Prix : 14,50 € plat principal/4 € sandwich.

AU PETIT FER A CHEVAL
CAFE BAR DU BRESIL
CAFÉ ET LAIT
BIÈRE Brune & Blonde
APÉRITIFS DE MARQUES
TÉLÉPHONE
Paris-Province
Archives 38-50
CAFÉ ET LAIT
LAIT CHAUD
CHOCOLAT ET
CONSOMMATIONS DE CHOIX
BIÈRE
BRUNE & BLONDE
TELEPHONE
PLAT DU JOUR
Entrecôte au beurre rouge
Velouté de légumes
GRANDE SALLE
LARGE ROOM
BEHIND THE U BAR

Mariage Frères

30–32, rue du Bourg-Tibourg, 75004 Paris
☏ +33 1 42 72 28 11
www.mariagefreres.com
Métro: Hôtel de Ville

Nowhere in Paris – or anywhere, for that matter – is the selection of the finest tea better than here. The cakes and salads served with them are also excellent. The shop is even open on Sundays and sells superb scented candles with a hint of tea aroma – my favourite is the "Thé des Mandarins". Much as I like this shop, I prefer the Mariage Frères tea salon in the 6th Arrondissement (13, rue des Grands-Augustins).

Besseren Tee in einer größeren Auswahl kann man nicht nur in Paris nicht bekommen, und auch die Kuchen und Salate, die dazu serviert werden, sind sehr gut. Das Geschäft ist sogar am Sonntag geöffnet und verkauft herrliche Duftkerzen mit Teenoten – mein Favorit ist das Aroma „Thé des Mandarins". Noch lieber gehe ich allerdings in den Mariage Frères Teesalon im 6. Arrondissement (13, rue des Grands-Augustins).

Non seulement il est impossible de trouver à Paris un choix plus vaste des meilleurs thés du monde, mais les pâtisseries et les salades servises en accompagnement sont elles aussi délicieuses. La boutique, ouverte le dimanche, vend de sublimes bougies parfumées au thé – l'arôme « Thé des Mandarins » est mon favori. Mais ce que je préfère c'est aller au salon de thé de la rive gauche, 13, rue des Grands-Augustins, dans le 6e.

History: Family business established in 1854.
Open: Teashop daily 10:30 am–7:30 pm, restaurant daily midday–3 pm, tearooms daily 3 pm–7 pm (Sat/Sun brunch).
X-Factor: 600 different sorts of tea, light meals flavoured with tea aromas | Tea museum.
Prices: 25 € main course/10 € pastries/dessert/11–17 € tea.

Geschichte: Seit 1854 ein Familienunternehmen.
Öffnungszeiten: Teeladen täglich 10.30–19.30 Uhr, Restaurant täglich 12–15 Uhr, Teesalon täglich 15–19 Uhr (Sa/So Brunch).
X-Faktor: 600 Teesorten, leichte Gerichte mit Teearomen | Teemuseum.
Preise: 25 € Hauptgericht/10 € Patisserie/Dessert/11–17 € Tee.

Histoire : Entreprise familiale depuis 1854.
Horaires d'ouverture : Magasin de thé tous les jours 10h30–19h30, restaurant tous les jours 12h–15h, salon de thé 15h–19h (Sam/Dim brunch).
Le « petit plus » : 600 variétés de thé, cuisine au thé | Musée du thé.
Prix : 25 € plat principal/10 € pâtisserie/dessert/11–17 € thé.

MARIAGE FRERES
INTERNATIONALE
KOLONIALE
TENTOONSTELLING
PARIS 1931

Benoit

20, rue Saint-Martin, 75004 Paris
☏ +33 1 42 72 25 76
www.benoit-paris.com
Métro: Châtelet/Hôtel de Ville

Every mayor of Paris has eaten here since the restaurant opened in 1912. It is one of the last classic and authentic bistros in Paris – with patina on the walls and good, traditional French cuisine such as foie gras and homemade cassoulet (white bean stew with pork). However, guests also pay for the name – the food is comparatively expensive.

Jeder Bürgermeister von Paris hat hier schon gegessen, seit das Restaurant 1912 eröffnet wurde. Es ist eines der letzten klassischen und authentischen Bistros in Paris – mit Patina an den Wänden und traditioneller, guter französischer Küche wie Foie gras und hausgemachtem Cassoulet (weißem Bohneneintopf mit Schweinefleisch). Hier zahlt man aber auch für den guten Namen – das Essen ist vergleichsweise teuer.

Ouvert en 1912, le restaurant a vu défiler tous les maires de Paris. C'est un des derniers authentiques bistros parisiens – murs patinés par le temps, cuisine traditionnelle, par exemple foie gras chaud, cassoulet maison, jambon à l'os. La cave est à l'avenant. Mais on paie ici pour le nom car les notes sont relativement élevées.

History: Opened in 1912, taken over by Alain Ducasse in 2005.
Interior: Belle Epoque.
Open: Daily midday–2 pm, 7:30 pm–10:30 pm; closed from the end of July to the end of August.
X-Factor: Traditional French dishes.
Prices: 38 € lunch menu/65 € à la carte.

Geschichte: 1912 eröffnet; 2005 von Alain Ducasse übernommen.
Interieur: Belle Époque.
Öffnungszeiten: Täglich 12–14 Uhr, 19.30–22.30 Uhr; geschlossen von Ende Juli bis Ende August.
X-Faktor: Traditionelle französische Speisen.
Preise: 38 € Menü (mittags)/65 € à la carte.

Histoire : Ouvert en 1912 ; repris par Alain Ducasse en 2005.
Décoration intérieure : Belle Époque.
Horaires d'ouverture : Tous les jours 12h–14h, 19h30–22h30 ; fermé de fin-juillet a fin-août.
Le « petit plus » : Plats traditionnels.
Prix : 38 € menu (midi)/65 € à la carte.

RUE
St MARTIN
Benoit
RESTAURANT

LISEZ
LE
CONSEILLER
MUNICIPAL

Georges

Centre Pompidou, 6th floor
Place Georges Pompidou, 75004 Paris
☏ +33 1 44 78 47 99
www.centrepompidou.fr
Métro: Châtelet Les Halles/Hôtel de Ville/Rambuteau

Located on the 6th floor of the Centre Pompidou, the restaurant has a breathtaking view across Paris – and this is also its principal attraction. The sculptural aluminium elements created by the designers Dominique Jakob and Brendan McFarlane attempt to create a counterpoint to the magnificent industrial architecture of the museum by Renzo Piano and Richard Rogers, unfortunately without success.

Im 6. Stock des Centre Pompidou untergebracht, eröffnet das Restaurant einen atemberaubenden Ausblick auf Paris – und der ist auch seine Hauptattraktion. Die skulpturalen Aluminium-Elemente der Designer Dominique Jakob und Brendan McFarlane versuchen, einen Kontrapunkt zur grandiosen Industriearchitektur des Museums von Renzo Piano und Richard Rogers zu setzen, leider mit Verfallsdatum.

Au niveau 6 du Centre Pompidou, le restaurant offre une vue à couper le souffle sur les toits de Paris – et c'est aussi son attrait majeur. Les sculptures creuses en aluminium des designers Dominique Jakob et Brendan McFarlane tentent bien de placer un contrepoint à la grandiose architecture industrielle de Renzo Piano et Richard Rogers, malheureusement tout cela date un peu.

Open: Wed–Mon 11–2am | Reservation essential.
X-Factor: Breathtaking view across Paris.
Prices: 11–24 € starters/16–42 € main course/60 € à la carte.

Öffnungszeiten: Mi–Mo 11–2 Uhr | Reservierung erforderlich.
X-Faktor: Atemberaubender Ausblick auf Paris.
Preise: 11–24 € Vorspeise/16–42 € Hauptgericht/60 € à la carte.

Horaires d'ouverture : Mer–Lun 11h–2h du matin | Sur réservation.
Le « petit plus » : Superbe vue sur la ville de Paris.
Prix : 11–24 € entrée/16–42 € plat principal/60 € à la carte.

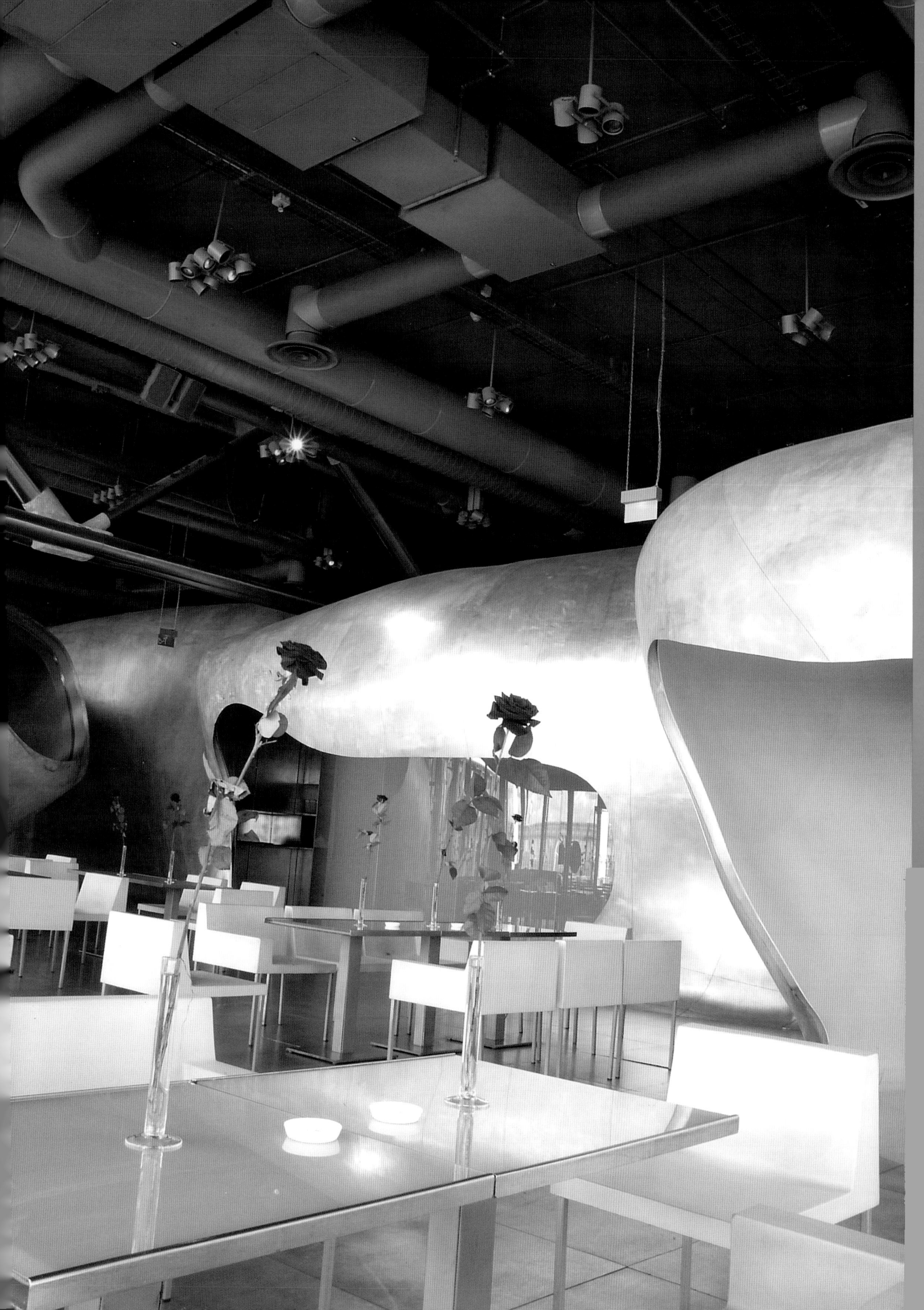

Centre Pompidou
LE MOUVEMENT DES IMAGES
ART, CINÉMA
5 avril 2006 - 29 janvier 2007
présentation de la collection du Centre Pompidou, Musée national d'art moderne.
www.centrepompidou.fr. Présentation réalisée grâce au mécénat de CANAL+

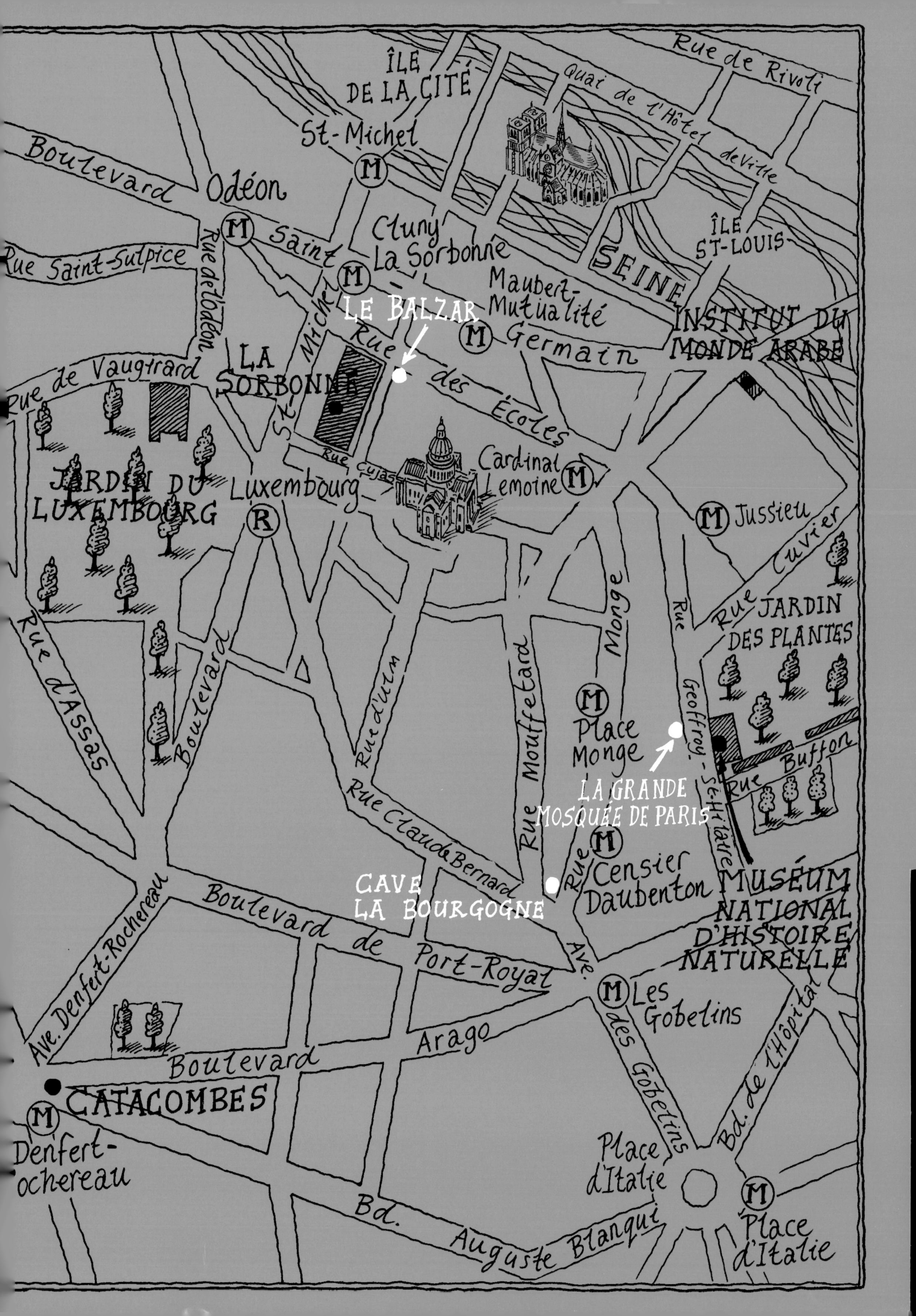
LE BALZAR
LA GRANDE MOSQUÉE DE PARIS
CAVE LA BOURGOGNE
ÎLE DE LA CITÉ
ÎLE ST-LOUIS
SEINE
LA SORBONNE
JARDIN DU LUXEMBOURG
JARDIN DES PLANTES
INSTITUT DU MONDE ARABE
MUSÉUM NATIONAL D'HISTOIRE NATURELLE
CATACOMBES
Rue de Rivoli
Quai de l'Hôtel de Ville
St-Michel
Boulevard Saint Germain
Odéon
Cluny La Sorbonne
Maubert-Mutualité
Rue Saint-Sulpice
Rue de l'Odéon
Rue de Vaugirard
Rue des Écoles
Rue Cujas
Cardinal Lemoine
Luxembourg
Jussieu
Rue Cuvier
Rue d'Assas
Boulevard St-Michel
Rue d'Ulm
Rue Mouffetard
Monge
Place Monge
Rue Geoffroy-St-Hilaire
Rue Buffon
Rue Claude Bernard
Censier Daubenton
Boulevard de Port-Royal
Ave. Denfert-Rochereau
Les Gobelins
Boulevard Arago
Ave. des Gobelins
Bd. de l'Hôpital
Denfert-Rochereau
Place d'Italie
Bd. Auguste Blanqui

Brasserie Balzar

49, rue des Écoles, 75005 Paris
☎ +33 1 43 54 13 67
www.brasseriebalzar.com
Métro: Cluny La Sorbonne

The Brasserie Balzar has traditionally been a meeting place for the intellectual scene in Paris, where Sartre and Camus came to dine. The former proprietor wanted to make the restaurant into a second Lipp and engaged the same architect, who made use of large mirrors, dark wooden panelling and white and green tiles. The intimate Art Déco ambience and the classic menu have remained consistently first-rate. Regular guests love the seafood platters, the choucroute, the steak-frites and the sole meunière.

Die Brasserie Balzar ist seit jeher ein Treffpunkt der Intellektuellen von Paris; schon Sartre und Camus dinierten hier. Der frühere Besitzer wollte aus dem Lokal ein zweites Lipp machen und engagierte den gleichen Architekten, der mit großen Spiegeln, dunklen Holzvertäfelungen sowie weißen und grünen Fliesen arbeitete. Bis heute sind die intime Art-déco-Atmosphäre und das klassische Menü unverändert gut: Die Stammgäste lieben die Meeresfrüchteplatten und den Choucroute, das Steak frites und die Sole meunière.

La Brasserie Balzar a toujours été le point de rencontre des intellectuels parisiens ; Sartre et Camus y déjeunaient déjà. L'ancien propriétaire voulait faire de l'établissement un second Lipp et engagea le même architecte qui travailla avec de grands miroirs, des boiseries sombres et un carrelage vert et blanc. Le décor Art Déco et la carte n'ont pas changé : les clients attitrés aiment le plateau de fruits de mer et la choucroute, le steak frites et la sole meunière.

History: Brasserie since 1931 | Albert Camus and Jean-Paul Sartre used to have their lunch at Balzar.
Interior: Art Déco.
Open: Mon-Sat 8:30 am–11 pm, Sun 8:30 am–10:30 pm.
X-Factor: Raie au beurre fondu (skate in melted butter), Foie de veau poêlé (pan-fried calf's liver), Baba au rhum.
Prices: 6.40–38.50 € à la carte.

Geschichte: Seit 1931 eine Brasserie | Hier trafen sich Albert Camus und Jean-Paul Sartre regelmäßig zum Lunch.
Interieur: Art déco.
Öffnungszeiten: Mo-Sa 8.30–23 Uhr, So 8.30–22.30 Uhr.
X-Faktor: Raie au beurre fondu (Rochen in Butter), Foie de veau poêlé (gebratene Kalbsleber), Baba au rhum.
Preise: 6,40–38,50 € à la carte.

Histoire: Brasserie depuis 1931 | Albert Camus et Jean-Paul Sartre s'y rencontraient pour déjeuner.
Décoration intérieure : Art Déco.
Horaires d'ouverture : Lun-Sam 8h30–23h, Dim 8h30–22h30.
Le « petit plus » : Raie au beurre fondu, Foie de veau poêlé, baba au rhum.
Prix : 6,40–38,50 € à la carte.

BRASSERIE
BALZAR

BALZAR
OUVERT TOUS LES JOURS DE 8 H A MINUIT SANS INTERRUPTION
BRASSERIE BALZAR
depuis 1886
☎ : 01 43 54 13 67
Fax : 01 44 07 14 91
www.brasseriebalzar.com
49, rue des Ecoles 75005 Paris
Quartier Latin
CARTE DES VINS
Les six huitres Speciales N°3 de chez Gillardeau 18.00
Sardines à l'huile ROÉDEL millésimées 9.90
Salade de pâtes au saumon fumé 8.50
Tête de veau, sauce ravigote 18.50
Côte de bœuf Charolaise grillée pour 2 personnes, gratin Dauphinois 59.00
Fondue au grand cru de chocolat 9.80
Penser à accompagner votre dessert d'un verre de Maury 8 cl 4.00

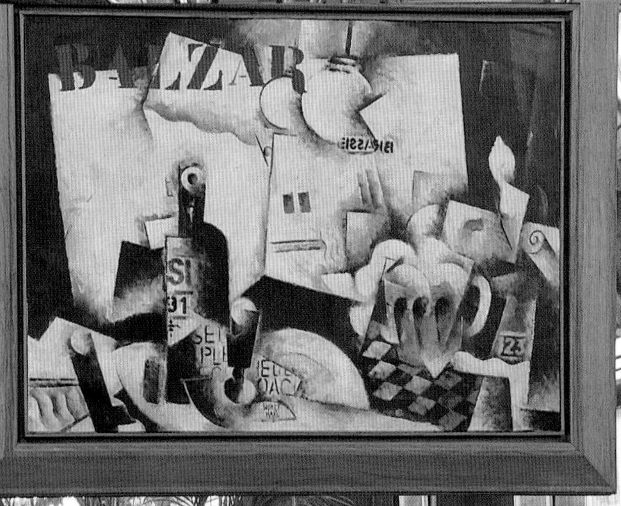
BALZAR

PAUL MORAND
Champions
monde
GRASSET
Le plaisir tout cru

Cave la Bourgogne

144, rue Mouffetard, 75005 Paris
☏ +33 1 47 07 82 80
Métro: Censier Daubenton

An excellent place to go on a Sunday morning in Paris. After a stroll around the market on rue Mouffetard, this typical bistro with its wood-panelled entrance, mosaic floor and long bar is a place to relax, drink a glass of wine and enjoy typical French snacks. The pavement tables have a view of Saint-Médard Church.

Ein prima Paris-Tipp für den Sonntagvormittag: Nach einem Bummel über den Markt an der rue Mouffetard kann man in diesem typischen Bistro mit holzvertäfeltem Eingang, Mosaikboden und langem Tresen entspannen, ein Glas Wein trinken und köstliche französische Snacks bestellen. Von den Tischen auf dem Bürgersteig aus blickt man auf die Kirche Saint-Médard.

Une bonne adresse pour un dimanche après-midi dans la capitale : après un petit tour sur le marché de la rue Mouffetard, vous pourrez vous détendre dans ce bistro typique avec ses boiseries à l'entrée, son sol en mosaïque et son grand comptoir, en buvant un verre de vin et en dégustant des snacks français. Depuis les tables sur le trottoir, on peut non seulement goûter au spectacle de cette rue très passante, mais admirer aussi l'église Saint-Médard.

Open: Daily 7 am–2 am.
X-Faktor: Plain French cuisine | Terrace has a view of the Saint-Médard church.
Prices: 10–17 € for a small meal/4–5 € wine/2.20 € coffee.

Öffnungszeiten: Täglich 7–2 Uhr.
X-Faktor: Einfache französische Küche | Terrasse mit Blick auf die Kirche Saint-Médard.
Preise: 10–17 € kleines Gericht/4–5 € Wein/2,20 € Kaffee.

Horaires d'ouverture : Tous les jours 7h–2h.
Le « petit plus » : Cuisine traditionnelle simple | Terrasse avec vue sur l'église Saint-Médard.
Prix : 10–17 € le repas/4–5 € vin/2,20 € café.

RUE
EDOUARD QUENU
RESTAURANT
RUE
EDOUARD QUENU
Cave la Bourgogne

La Grande Mosquée de Paris

39, rue Geoffroy-St-Hilaire, 75005 Paris
☎ +33 1 43 31 38 20
www.la-mosquee.com
Métro: Censier Daubenton/Place Monge

A visit to La Mosquée is like a short trip to the Orient: classics such as tajine and couscous are served at the restaurant with its delicate cedar-wood arches and soft cushions; the Salon de thé in the inner courtyard is the perfect place to enjoy a thé à la menthe and sweet dates. Anyone in search of oriental souvenirs should take a stroll around the small souk followed by relaxation in the hammam (enquire about the opening times beforehand, they are different for men and women!).

Ein Besuch im La Mosquée ist wie eine kurze Reise in den Orient: Im Restaurant mit filigranen Zederholzbögen werden Klassiker wie Tagine und Couscous serviert. Am schönsten ist aber der Salon de thé im Innenhof, er ist der perfekte Platz für einen „thé à la menthe". Wer orientalische Souvenirs sucht, bummelt am besten durch den kleinen Souk und entspannt anschließend im Hamam (vorher nach den Öffnungszeiten fragen, sie sind für Damen und Herren unterschiedlich!).

Une visite à La Mosquée est comme un voyage en Orient. Le restaurant, remarquable avec ses arcs en bois de cèdre très travaillés et ses confortables coussins, propose des classiques comme la tajine et le couscous, et le salon de thé dans la cour est l'endroit idéal pour déguster un thé à la menthe accompagné de dattes. Si vous désirez des souvenirs orientaux, promenez-vous dans le petit souk, vous pourrez ensuite vous détendre au hammam (demandez à l'avance les heures d'ouverture qui ne sont pas les mêmes pour les hommes et pour les femmes).

Interior: Shady courtyard with trees.
Open: Salon de thé daily 9 am–midnight, restaurant daily midday–3:30 pm, 7 pm–11:30 pm.
X-Factor: Moroccan mint tea, oriental sweets.
Prices: 5 € starters/12 € couscous/ 15,50 € tajine.

Interieur: Begrünter Innenhof mit Bäumen.
Öffnungszeiten: Salon de thé täglich 9–24 Uhr, Restaurant täglich 12–15.30 Uhr, 19–23.30 Uhr.
X-Faktor: Marokkanischer Minztee, orientalische Süßigkeiten.
Preise: 5 € Vorspeise/12 € Couscous/ 15,50 € Tagine.

Décoration intérieure : Cour intérieure ombragée.
Horaires d'ouverture : Salon de thé tous les jours 9h–24h, restaurant tous les jours 12h–15h30, 19h–23h30.
Le « petit plus » : Thé à la menthe marocain, sucreries orientales.
Prix : 5€ entrée/12 € couscous/ 15,50 € tajgine.

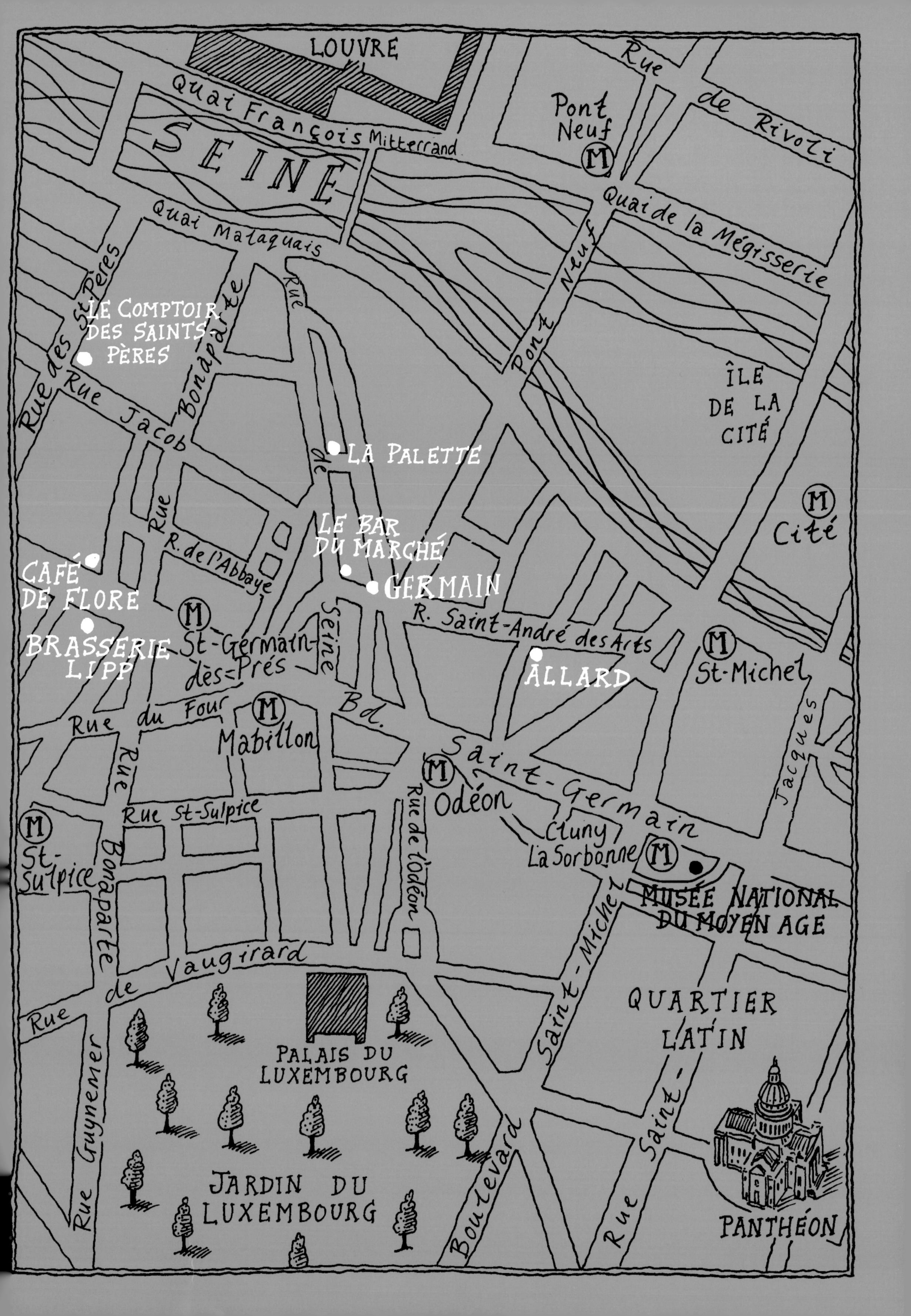
LOUVRE
Quai François Mitterrand
SEINE
Pont Neuf
Rue de Rivoli
Quai Malaquais
Quai de la Mégisserie
Pont Neuf
Rue des St Pères
Rue Bonaparte
Rue de Seine
LE COMPTOIR DES SAINTS-PÈRES
Rue Jacob
ÎLE DE LA CITÉ
LA PALETTE
Cité
LE BAR DU MARCHÉ
Rue R. de l'Abbaye
CAFÉ DE FLORE
GERMAIN
R. Saint-André des Arts
BRASSERIE LIPP
St-Germain-des-Prés
ALLARD
St-Michel
Rue du Four
Mabillon
Bd. Saint-Germain
Rue Jacques
Odéon
Rue de l'Odéon
Rue St-Sulpice
Cluny La Sorbonne
St-Sulpice
Rue Bonaparte
MUSÉE NATIONAL DU MOYEN AGE
Rue de Vaugirard
Saint-Michel
QUARTIER LATIN
Rue Guynemer
PALAIS DU LUXEMBOURG
Rue Saint-
JARDIN DU LUXEMBOURG
Boulevard
PANTHÉON

Allard

1, rue de l'Éperon (entrance)/
41, rue Saint-André des Arts, 75006 Paris
☏ +33 1 43 26 48 23
www.restaurant-allard.fr
Métro: Odéon

This bistro has wonderful Parisian charm with patina – hardly anything has changed here since it opened in 1932. The French bourgeoisie loves this restaurant and its famous duck dish – the tender meat sinks under a mountain of aromatic olives.

Dieses Bistro besitzt einen wunderbaren Pariser Charme mit Patina, denn seit der Eröffnung 1932 hat sich hier fast nichts verändert. Die einheimische Bourgeoisie liebt dieses Lokal und die berühmte Ente – das zarte Fleisch versinkt unter einem Berg aromatischer Oliven.

Ce bistro possède un charme fou, avec son ambiance rétro. En effet, presque rien n'a changé ici depuis l'ouverture en 1932. La clientèle bourgeoise vivant dans le voisinage aime cet établissement et son célèbre canard dont la chair tendre disparaît sous une montagne d'olives odorantes.

History: Opened in 1940 | Once a popular meeting place for politicians and stars.
Open: Daily midday–2 pm, 7:30 pm–10 pm.
X-Factor: Duck with olives, escargots.
Prices: approx. 18 € starters/ approx. 40 € main course/ approx. 11 € dessert.

Geschichte: 1940 eröffnet | Einst ein bekannter Treffpunkt für Politiker und Stars.
Öffnungszeiten: Täglich 12–14 Uhr, 19.30–22 Uhr.
X-Faktor: Ente in Oliven, Schnecken.
Preise: ca. 18 € Vorspeise/ca. 40 € Hauptgericht/ca. 11 € Dessert.

Histoire : Ouvert en 1940 | Jadis célèbre point de rencontre pour les hommes politiques et les stars.
Horaires d'ouverture : Tous les jours 12h–14h, 19h30–22h.
Le « petit plus » : Canard aux olives, escargots.
Prix : env. 18 € entrée/env. 40 € plat principal/env. 11 € dessert.

André Allard
RUE DE
L'ÉPERON

La Palette

43, rue de Seine, 75006 Paris
☎ +33 1 43 26 68 15
www.cafelapaletteparis.com
Métro: Odéon/St-Germain-des-Prés

Not much has changed since the restaurant was frequented by Picasso and Braque; this is particularly true of the waiters' manners. In true old-fashioned Parisian tradition they are not exactly obliging. This should not be taken personally but seen as part of the entertainment while watching the comings and goings of guests. The interior dates from 1930s to the 1940s, the dishes of the day are always good.

Es hat sich nicht viel geändert, seit Picasso und Braque hier einkehrten, vor allem nicht das Benehmen der Kellner: Sie sind nach altmodischer Pariser Tradition nicht unbedingt zuvorkommend. Fasst man das nicht persönlich auf, hat man hier seinen Spaß und beobachtet das Kommen und Gehen der Gäste. Das Interieur ist seit den 1930er-Jahren unverändert, und die Tagesgerichte sind immer gut.

Peu de choses ont changé depuis l'époque où Braque et Picasso venaient manger ici, et surtout pas les garçons, toujours aussi peu affables, tradition parisienne oblige. Si on ne le prend pas personnellement, on jouit de l'ambiance et on peut regarder les clients aller et venir. Le décor est resté comme en 1935 et les plats du jour sont toujours excellents.

History: First opened in 1903 | Once frequented by Picasso and Braque.
Interior: 1930s to 1940s.
Open: Daily 8 am–2 am.
X-Factor: The dish of the day can always be recommended.
Prices: 15 € dish of the day | Credit cards: Visa only.

Geschichte: 1903 erstmals eröffnet | Picasso und Braque waren hier häufig zu Gast.
Interieur: 1930er-Jahre.
Öffnungszeiten: Täglich 8–2 Uhr.
X-Faktor: Tagesgerichte immer empfehlenswert.
Preise: 15 € Tagesgericht | Kreditkarten: nur Visa.

Histoire : Ouvert pour la première fois en 1903 | Picasso et Braque en étaient des familiers.
Décoration intérieure : 1935.
Horaires d'ouverture : Tous les jours 8h–2h du matin.
Le « petit plus » : Les plats du jour sont à conseiller.
Prix : 15 € plat du jour | Cartes de crédit : Uniquement Visa.

La Palette
La Palette
PRIX PALETTE 70
LA PALETTE

LE SHOW
Coca-Cola

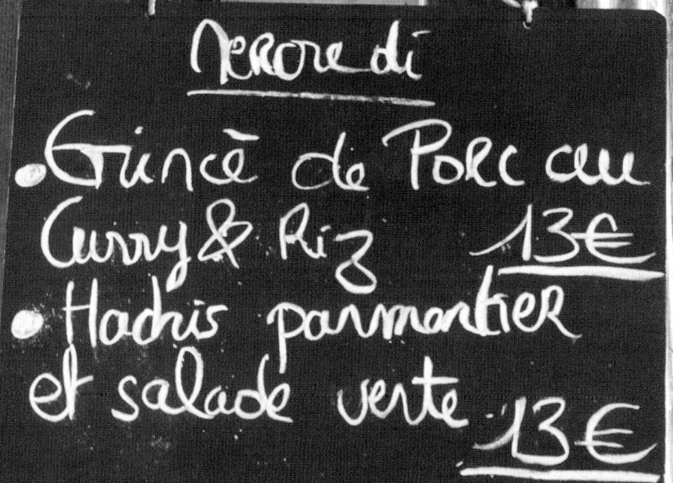
Mercredi
Emincé de Porc au
Curry & Riz 13€
Hachis parmentier
et salade verte 13€

TELEPHONE
food for thought
march 23 - april 22 - 2006
galerie gordon pym & fils
5 rue de l'échaudé
75006 paris
GALERIE BARÈS
32 RUE DE SEINE
31 MARS 2006
PARIS

Le Bar du Marché

75, rue de Seine, 75006 Paris
☏ +33 1 43 26 55 15
Metro: Mabillon/Odéon

Located at the corner of rue de Buci and rue de Seine opposite the street market, this actually rather ordinary café has become a hot spot for young, hip Parisians, particularly at cocktail hour. But in the mornings it is also an excellent place to enjoy a cup of café crème while watching life go by or to relax after a trip to TASCHEN, located a little further along rue de Buci.

Open: Daily 8 am–2 am.
X-Factor: Hip hotspot for young Parisians | Snacks.
Prices: 4.50 € beer/8.50 € cocktails/ 2.30 € coffee.

An der Ecke rue de Buci/rue de Seine gegenüber dem Straßenmarkt gelegen, ist dieses eher gewöhnliche Café zum Hotspot der jungen, hippen Pariser geworden, vor allem zur Cocktail-Stunde. Aber auch morgens lässt sich hier herrlich bei einem Café crème das Treiben beobachten – oder nach einem Besuch des TASCHEN-Ladens entspannen, der ein kleines Stück weiter an der rue de Buci liegt.

Öffnungszeiten: Täglich 8–2 Uhr.
X-Faktor: Angesagter Treffpunkt für junge Pariser | Kleine Gerichte.
Preise: 4,50 € Bier/8,50 € Cocktail/ 2,30 € Kaffee.

Au coin de la rue de Buci et de la rue de Seine, en face du marché, ce café sans prétention est devenu la coqueluche des jeunes Parisiens branchés, surtout à l'heure du cocktail. Mais le matin on peut aussi y déguster un café crème en regardant les passants ou se détendre après avoir visité la boutique TASCHEN, située un peu plus loin, rue de Buci.

Horaires d'ouverture : Tous les jours 8h–2h du matin.
Le « petit plus » : Lieu de rencontre sympa des jeunes Parisiens | Petite restauration.
Prix : 4,50 € bière/8,50 € cocktail/ 2,30 € café.

CHARDONNAY
SAINT VERAN
SANCERRE
Comédie des Champs-Elysées
Les Frères Jacques

Bar du Marché
RUE DE SEINE
du Marché
Bar du Marché

CLOCHEMERLE
"THE KID"

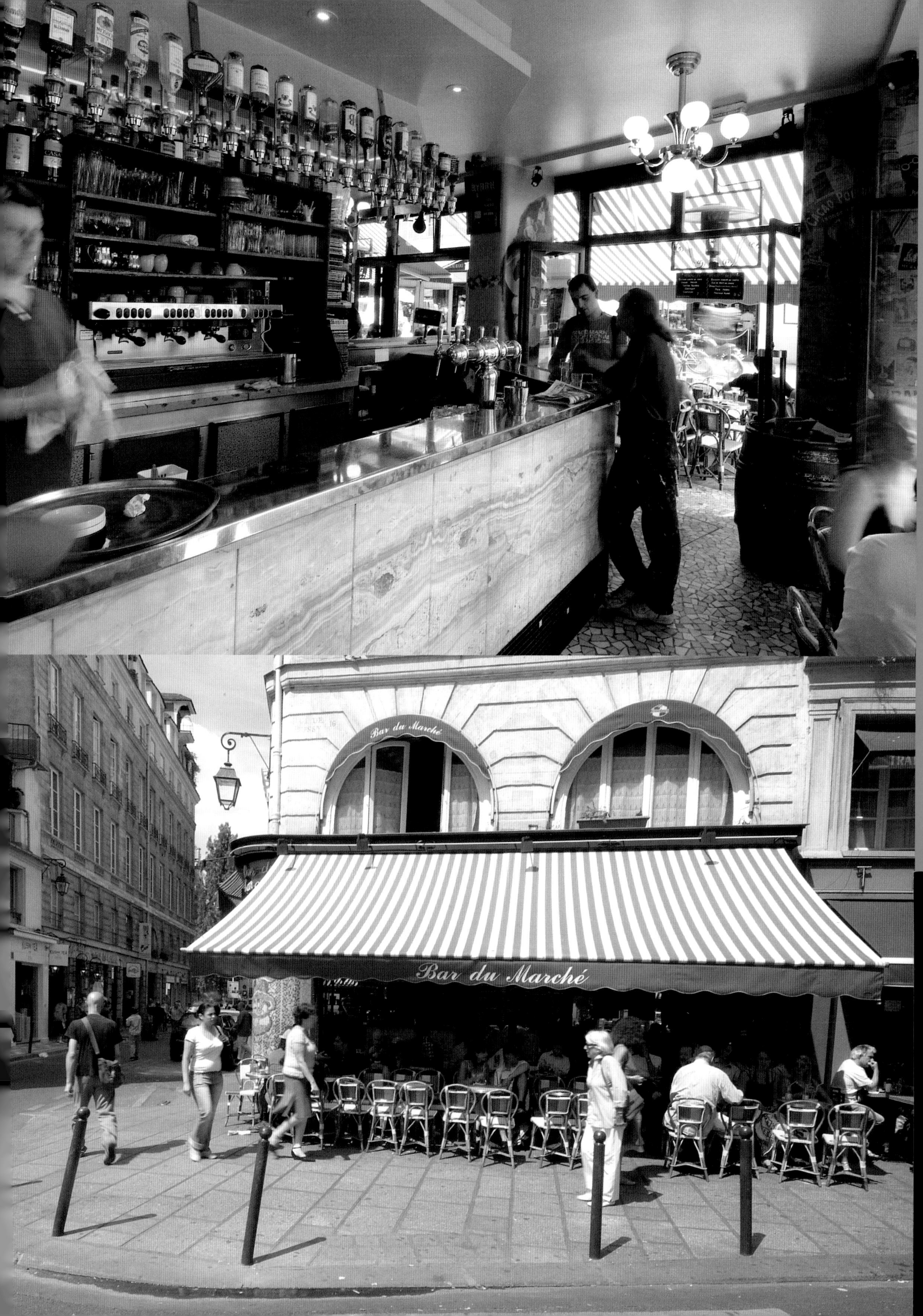
Bar du Marché
Bar du Marché

Germain

25 rue de Buci, 75006 Paris
☏ +33 1 43 26 02 93
contact@beaumarly.com
www.beaumarly.com
Métro: Mabillon, Saint-Germain-des-Prés

India Mahdavi was commissioned to design the interior of this modern bistro. Her client, Thierry Costes, had just one request: do something I've never seen before! And that's exactly what she did. A bright yellow female figure (called Sophie) towers up into the restaurant's ceiling, as far as her shoulder level, then the top of this sculpture continues up through the carpet of the VIP area in the floor above. The food served up is almost the antithesis of this flamboyant design. The menu, simply presented in a star symbol pattern, offers a fresh take on bistro classics, providing the pleasant grip on reality you will need during your visit to these highly stylized rooms.

Open: 8 am to midnight.
X-Factor: Be sure to try the cheese board, supplied by the city's best cheesemonger, Marie Quatrehomme, based in rue de Sèvre.
Prices: 17–30 € / lunch menu 15 € / cheese board 12 €.

Mit der Einrichtung dieses modernen Bistros wurde India Mahdavi beauftragt. Sie wurde von ihrem Auftraggeber Thierry Costes nur um eines gebeten: Mach etwas, das ich noch nie zuvor gesehen habe! Und das ist ihr gelungen. Im Erdgeschoss des Germain ragt eine knallgelbe Frauenfigur bis an die Schultern in die Decke des Gastraumes hinein, und ihrem Kopf begegnet man dann im darübergelegenen Stockwerk wieder, wo der obere Teil dieser Skulptur namens Sophie aus dem Teppichboden einer intimen Bar sprießt. Die Küche serviert gegen diese Extravaganz sozusagen an. Die von den Stargrafikern gestaltete Karte bietet Bistroklassiker mit Pfiff, die während des Aufenthalts in den durchgestylten Räumen auf angenehme Art für die benötigte Bodenhaftung sorgen.

Öffnungszeiten: 8–24 Uhr.
X-Faktor: Unbedingt die Käseplatte probieren, die von Marie Quatrehomme, der besten Käsehändlerin der Stadt, aus der Rue de Sèvre geliefert wird.
Preise: 17–30 € / Mittagstisch 15 € / Käseplatte 12 €.

L'aménagement de ce bistrot moderne a été confié à India Mahdavi. Le commanditaire, Thierry Costes, ne lui a demandé qu'une seule chose : fais quelque chose que je n'ai encore jamais vu ! Elle y est arrivée. Au rez-de-chaussée du Germain se dresse une statue féminine jaune vif dont les épaules traversent le plafond de la salle et la tête surgit de la moquette dans un bar plus intimiste à l'étage du dessus. Baptisée Sophie, c'est l'œuvre du sculpteur parisien Xavier Veilhan. La cuisine, elle, est servie pour ainsi dire à contre-courant d'une telle excentricité. La carte, conçue par des graphistes stars, comporte des plats bistrot classiques avec toujours un petit quelque chose en plus qui remettent agréablement les pieds sur terre pendant un séjour dans ces espaces surstylés.

Horaires d'ouverture : 8 h–24 h.
Le « petit plus » : Ne pas manquer le plateau de fromages, fourni par Marie Quatrehomme, la meilleure fromagère de la ville, rue de Sèvres.
Prix : 17–30 € / midi 15 € / plateau de fromages 12 €.

Café de Flore

172, Boulevard Saint-Germain, 75006 Paris
☏ +33 1 45 48 55 26
www.cafedeflore.fr
Métro: St-Germain-des-Prés

The Café de Flore was made famous by regular patrons such as the Surrealists Apollinaire, Aragon and Breton, the writers Jean-Paul Sartre and Simone de Beauvoir, and existentialists such as Juliette Gréco and Boris Vian. Today it is still a popular place for writers, models and actors to meet. The tableware with its green lettering is particularly attractive and can be bought at the café's souvenir shop.

Das Café de Flore wurde berühmt durch Stammgäste wie die Surrealisten Apollinaire, Aragon und Breton, die Schriftsteller Jean-Paul Sartre und Simone de Beauvoir, die Existenzialisten wie Juliette Gréco und Boris Vian – und ist auch heute noch ein beliebter Treffpunkt von Autoren, Models und Schauspielern. Besonders schön ist das Geschirr mit dem grünen Schriftzug, das man im hauseigenen Souvenirshop kaufen kann.

Apollinaire et les surréalistes Aragon et Breton, Jean-Paul Sartre et Simone de Beauvoir, les existentialistes Juliette Gréco et Boris Vian ont fait la célébrité du Café de Flore, qui est resté un rendez-vous apprécié des écrivains, mannequins et acteurs de cinéma. La vaisselle au label vert est très jolie et on peut l'acheter dans la boutique.

History: The historical café was made famous by celebrities such as Guillaume Apollinaire, André Breton, Jean-Paul Sartre, Simone de Beauvoir and Juliette Gréco.
Open: Daily 7 am–2 am.
X-Factor: Terrace with a fine view of the bustling street life.
Prices: 9 € starter/14.50 € salad/13 € cocktails.

Geschichte: Guillaume Apollinaire, André Breton, Jean-Paul Sartre, Simone de Beauvoir, Juliette Gréco u. a. machten das historische Café berühmt.
Öffnungszeiten: Täglich 7–2 Uhr.
X-Faktor: Terrasse mit Blick auf das Straßengeschehen.
Preise: 9 € Vorspeise/14,50 € Salat/13 € Cocktail.

Histoire : Des clients comme Guillaume Apollinaire, André Breton, Jean-Paul Sartre, Simone de Beauvoir et Juliette Gréco.
Horaires d'ouverture : Tous les jours 7h–2h.
Le « petit plus » : La terrasse pour jouir de l'animation du quartier.
Prix : 9 € entrée/14,50 € salade/ 13€ cocktails.

Café de Flore
PARIS

Brasserie Lipp

151, Boulevard Saint-Germain, 75006 Paris
☏ +33 1 45 48 53 91
www.brasserie-lipp.fr
Métro: St-Germain-des-Prés

The classic among the brasseries in Paris. Ernest Hemingway often sat here over herrings and wrote about them in "A Moveable Feast". Classic simple French cuisine, for example choucroute or steak frites, millefeuille as a dessert. However, more important than the actual food is where it is eaten. The table to which a guest is shown says everything about his importance. Worst of all is to be sent upstairs, then it's better to leave.

Der Klassiker unter den Brasserien in Paris. Ernest Hemingway saß hier oft bei Hering und schrieb darüber in „Paris, ein Fest fürs Leben". Klassisch französische und unkomplizierte Küche, Choucroute oder Steak frites, als Dessert Millefeuille. Wichtiger als das Essen ist allerdings, wo man es isst: Anhand des zugewiesenen Tisches lässt sich die Bedeutung des Gastes erkennen. Ganz schlimm ist es, nach oben geschickt zu werden, dann lieber wieder gehen.

La brasserie parisienne classique. Ernest Hemingway y mangeait souvent du hareng et l'écrit dans « Paris est une fête ». Cuisine traditionnelle sans complications, choucroute ou steak frites, millefeuille en dessert. Mais l'endroit où l'on mange est plus important que ce qu'on mange et les meilleures tables sont réservées au VIP. Le pire est d'être envoyé en haut, mieux vaut alors s'en aller.

History: Founded in 1880 by Leonard Lipp | Favourite spot of writers, politicians, artists and other celebrities.
Interior: Wall tiles from 1900, Art Déco decoration from 1926.
Open: Daily 11:30 am–1 am.
X-Factor: Hareng à l'huile, Sole meunière, Millefeuille.
Prices: 50 € à la carte.

Geschichte: 1880 von Leonard Lipp eröffnet | Beliebter Treff für Schriftsteller, Politiker und Künstler.
Interieur: Wandfliesen von 1900, Art-déco-Einrichtung von 1926.
Öffnungszeiten: Täglich 11.30–1 Uhr.
X-Faktor: Hareng à l'huile, Sole meunière, Millefeuille.
Preise: 50 € à la carte.

Histoire : Ouvert en 1880 par Leonard Lipp.
Décoration intérieure : Faïences murales de 1900, décoration Art déco de 1926.
Horaires d'ouverture : Tous les jours 11h30–1h.
Le « petit plus » : Hareng à l'huile, sole meunière, millefeuille.
Prix : 50 € à la carte.

BRASSERIE LIPP
LIPP
LIPP
LIPP
LIPP
LIPP
LIPP
HOTEL
AU MANOIR
St GERMAIN des Prés
BRASSERIE LIPP
IPP
PP
LIPP
LIPP

JUDITH MAGRE
HISTOIRES D'HOMMES
L'odeur de certains Tabacs parfumés incommode la plupart de nos Clients
AMATEURS DE PIPE
ayez la courtoisie de
RENONCER A LES FUMER DANS L'ETABLISSEMENT
Merci

LIPP
brasserie
LIPP
151, BD SAINT-GERMAIN PARIS 6e
TEL : 01.45.48.53.91
OUVERT TOUS LES JOURS JUSQU'À 2H DU MATIN

BRASSERIE LIPP
CHOUCROUTE
VINS
LIPP

AVIS
Par Mesure d'Hygiène
Messieurs les Clients sont priés de
ne pas faire manger les chiens
dans le matériel de la Maison
et de ne pas les faire monter
sur les Sièges

Le Comptoir des Saints-Pères

29, rue des Saints-Pères, 75006 Paris
☏ +33 1 40 20 09 39
Métro: St-Germain-des-Prés

A typical French café, steeped in history – as guests sense as soon as they sit down at a pavement bistro table or at the long brass bar. Hemingway, who lived in Paris from 1921 to 1926 and wrote "A Moveable Feast" about this time, initially stayed next door at Hôtel Jacob (now Hôtel d'Angleterre). James Joyce, who was still working on "Ulysses" at the beginning of 1920, lived very nearby in rue de l'Université, and both writers went to the café regularly. Later, Hemingway also used to meet Scott Fitzgerald here (1929).

Ein typisch französisches Café, das Geschichte atmet, was man sofort spürt, wenn man am Bistrotisch auf dem Trottoir oder an der langen Messingtheke sitzt. Hemingway, der von 1921 bis 1926 in Paris lebte und später „Paris, ein Fest fürs Leben" schrieb, wohnte zunächst nebenan im Hôtel Jacob (heute Hôtel d'Angleterre). James Joyce, der Anfang 1920 noch an „Ulysses" arbeitete, lebte ganz in der Nähe in der rue de l'Université, und beide Schriftsteller kamen regelmäßig hierher. Später traf sich Hemingway hier auch mit Fitzgerald (1929).

Un café typique avec son beau zinc d'époque. Hemingway qui vécut à Paris de 1921 à 1926 et écrivit « Paris est une fête » a tout d'abord habité à l'Hôtel Jacob – aujourd'hui Hôtel d'Angleterre – tout proche. James Joyce qui travaillait encore à « Ulysse » début 1920 vivait à quelques mètres dans la rue de l'Université. Les deux écrivains venaient régulièrement ici, plus tard Hemingway y rencontra aussi Fitzgerald (1929).

History: Once frequented by Ernest Hemingway and James Joyce.
Open: Mon–Fri 7 am–11 pm, Sat–Sun 8 am–7 pm.
X-Factor: The bouillabaisse on Friday (Reservation recommended).
Prices: 18.80 € set menu/16.80 € dish of the day/5.10–7.90 € dessert/2.50 € coffee.

Geschichte: Einst oft von Ernest Hemingway und James Joyce besucht.
Öffnungszeiten: Mo–Fr 7–23 Uhr, Sa–So 8–19 Uhr.
X-Fakor: Die Bouillabaisse am Freitag (Reservierung empfohlen).
Preise: 18,80 € Menü/16,80 € Tagesgericht/5,10–7,90 € Dessert/2,50 € Kaffee.

Histoire : Fréquenté jadis par Ernest Hemingway et James Joyce.
Horaires d'ouverture : Lun–Ven 7h–23h, Sam–Lun 8h–19h.
Le « petit plus » : Bouillabaisse le vendredi (réservation recommandée).
Prix : 18,80 € menu/16,80 € plat du jour/5,10–7,90 € dessert/2,50 € café.

TOILETS
CUBA
LIBRE
PUCCINO
AMERICA
Galerie Encre de Chine
GALERIE ART CADRE
du 20 mars au 28 avril 2001
HARMONIES DE MATIÈRE
EXPOSITION

DU
JOUR
VINS
FINS
LE COMPTOIR
DES St PERES
7H.-11H.
11H.-22H.

SEINE
Quai de Conti
Rue de Verneuil
Rue de l'Université
St-Pères
Rue des
Rue
Jacob
Rue de Seine
Rue Mazarine
ST-GERMAIN DES-PRÉS
Boulevard
Boulevard
Rue des Saints-Pères
Rue du Dragon
Saint-Germain
St-Germain des-Prés
Mabillon
Odéon
St-Sulpice
Sèvres Babylone
Sèvres
R. des Saints-Pères
CAFÉ DE LA MAIRIE
Rue de
Rue du Cherche-Midi
Raspail
Rue de Rennes
Pl. St-Sulpice
ÉGLISE SAINT-SULPICE
Rue de l'Odéon
Rue de Mézières
MAMIE GÂTEAUX
Rennes
Rue de Vaugirard
Madame
Guynemer
PALAIS DU LUXEMBOURG
Rue de Fleurus
Rue
Rue
JARDIN DU LUXEMBOURG
St-Placide
Notre-Dame des Champs
Rue Vavin
Rue Auguste Comte
Rue d'Assas
Bd. Saint-Michel
Bd. du Montparnasse
Vavin
LA COUPOLE

Café de la Mairie

8, Place Saint-Sulpice, 75006 Paris
☏ +33 1 43 26 67 82
Métro: St-Sulpice/Mabillon/Odéon

This is where tout Paris sits at the pavement tables drinking coffee and enjoying the marvellous view of the square and the oddly ill-proportioned church. A crispy Croque Monsieur with a cold bière à la pression is an ideal snack or refreshment during a shopping expedition.

Hier sitzt „tout Paris“ zum Kaffee auf dem Trottoir mit wunderbarem Blick auf den Platz und die seltsam unproportionierte Kirche Saint-Sulpice. Bei kleinem Hunger und als Stärkung während eines Einkaufsbummels schmeckt der knusprige Croque Monsieur zum kühlen Bière à la pression sehr gut.

Le tout-Paris boit ici son café sur la terrasse qui offre une vue admirable sur la place et l'église Saint-Sulpice aux tours dissemblables si bizarres. Pour ceux qui ressentent une petite faim ou qui ont besoin d'un regain d'énergie pour continuer leur shopping, un délicieux croque-monsieur et une bière à la pression bien fraîche s'imposent.

Open: Mon–Fri 7 am–2 am, Sat 8 am–2 am, Sun 9 am–9 pm.
X-Factor: Terrace with a view of the church and Place Saint-Sulpice | Snacks such as Croque Monsieur.
Prices: 7.50 € Croque Monsieur/2.80 € coffee | No credit cards.

Öffnungszeiten: Mo–Fr 7–2 Uhr, Sa 8–2 Uhr, So 9–21 Uhr.
X-Faktor: Terrasse mit Blick auf die Kirche und Platz Saint-Sulpice | Kleine Gerichte wie Croque Monsieur.
Preise: 7,50 € Croque Monsieur/2,80 € Kaffee | Keine Kreditkarten.

Horaires d'ouverture : Lun–Ven 7h–2h du matin, Sam 8h–2h du matin, Dim 9h–21h.
Le « petit plus » : La terrasse avec sa vue sur l'église et la place Saint-Sulpice | Petite restauration comme croque-monsieur.
Prix : 7,50 € croque-monsieur/2,80 € café | Cartes de crédit non acceptées.

CAFE DE LA MAIRIE
CAFE DE LA MAIRIE
1664
S. SULPICE
Pain Poilâne

Mamie Gâteaux

66 Rue du Cherche-Midi, 75006 Paris
☏ +33 1 42 22 32 15
www.mamie-gateaux.com
Métro: Saint-Placide, Rennes, Vaneau

This little cafe with its interesting selection of teas and homemade cakes is like an original Parisian treasure trove, right down to the last detail, and yet its owner is Japanese. Yet more proof that the Japanese are grand masters in the art of reproducing foreign cultures. The menu is printed on a school exercise book, and we can feast our eyes nostalgically on the floral tablecloths and lovingly arranged tableware. The aroma of freshly baked madeleines and fruity sponge cakes beckons us on a pleasant trip down memory lane.

Das kleine Café mit seiner interessanten Teeauswahl und den selbst gebackenen Kuchen wirkt bis ins Detail hinein wie eine Urpariser Trouvaille – dabei wird es von einem Japaner betrieben. Und wieder einmal beweist sich, dass Japaner die Großmeister im Nachbilden fremder Kulturen sind. Die Speisekarte ist in ein Schulheft gedruckt. Geblümte Tischdecken und liebevoll zusammengestelltes Geschirr schmeicheln dem nostalgisch verklärten Blick. Das Aroma frisch gebackener Madeleines und versunkener Obsttorten laden ein zur genüsslichen Suche nach der verlorenen Zeit.

Avec son intéressante sélection de thés et ses gâteaux maison, ce petit salon de thé est jusque dans le moindre détail la plus parisienne des trouvailles – alors qu'il est tenu par un Japonais. Une fois encore, la preuve est faite que les Japonais sont des grands maîtres dans l'art de reproduire des cultures étrangères. La carte est imprimée sur un cahier d'écolier. Les nappes fleuries et le couvert amoureusement disposé flattent l'œil attendri de nostalgie. L'arôme des madeleines fraîches et des tartes aux fruits invite à une recherche voluptueuse du temps perdu.

Open: Mon–Sat 11:30 am–6 pm.
X-Factor: The lunch menu also includes savoury tarts and quiches.
Prices: 10.50 € set menu (quiche with salad and a drink)/5 € cakes/5 € tea.

Öffnungszeiten: Mo–Sa 11.30–18 Uhr.
X-Faktor: Zur Mittagszeit gibt es auch herzhafte Tartes und Quiches.
Preise: 10,50 € Menü (Quiche mit Salat und ein Getränk)/5 € Kuchen/5 € Tee.

Horaires d'ouverture : Lun–Sam 11h30–18h.
Le « petit plus » : À midi, on sert aussi des tartes et quiches salés.
Prix : 10,50 € menu (quiche, salade, boisson)/5 € gâteau/5 € thé.

MAMIE GÂTEAUX
66
66
66
SALON DE THE
BROCANTE
Mamie Gâteaux
Ouvert du Mardi au Samedi
de 11 heures 30 à 18 heures

SUCRE
FARINE
CAFÉ
THE
PATES
POIVRE
Bon

La Coupole

102, Boulevard du Montparnasse, 75014 Paris
☎ +33 1 43 20 14 20
www.lacoupoleparis.com
Métro: Vavin

This large, well-known brasserie was opened in 1927. Despite the vastness of the magnificent Art-Deco dining room, its atmosphere is actually one of intimacy and is still full of bustle. Classic Parisian brasserie food – seafood platters, steaks with creamy sauces – is recommended. A place I always enjoy revisiting.

Diese große und berühmte Brasserie wurde 1927 eröffnet. Obwohl der prachtvoll gestaltete Art-déco-Saal riesig ist, herrscht doch eine intime Atmosphäre. Die Brasserie ist immer voller Geschäftigkeit. Hier bestellt man das klassische Pariser Brasserie-Menü mit Meeresfrüchteplatten, Steaks und dicken Saucen. Mir macht es immer wieder Spaß, dorthin zurückzukehren.

Cette célèbre brasserie, la plus grande de Paris, a été ouverte en 1927. Bien que la superbe salle Art Déco soit immense, il y règne une ambiance d'intimité et le personnel s'affaire. À côté des spécialités maison, on peut commander ici le menu typique de brasserie : plateau de fruits de mer, steaks servis avec des sauces épaisses. On y vient et on y revient avec plaisir.

History: Opened in 1927.
Interior: Magnificently designed Art Déco dining room.
Open: Tue–Sat 8 am–midnight, Sun–Mon 8 am–11 pm.
Prices: 30–59 € set menu.

Geschichte: 1927 eröffnet.
Interieur: Prachtvoll gestalteter Art-déco-Saal.
Öffnungszeiten: Di–Sa 8–24 Uhr, So–Mo bis 8–23 Uhr.
Preise: 30–59 € Menü.

Histoire : Ouvert en 1927.
Décoration intérieure : Somptueuse salle Art Déco.
Horaires d'ouverture : Mar–Sam 8h–24h, Dim–Lun 8h–23h.
Prix : 30–59 € menu.

YVES KLEIN
YVES KLEIN

Cocktail IKB
GIN
8,50 €
CHAMPAGNE
BILLECART
- SALMON
Maison Fondée
en 1818
BRUT BLANC DE
BLANCS
COUPOLE

LOUIS VUITTON

Shops

Colette
Louis Vuitton
TATI
Jean Paul Gaultier
HERMÈS
PARIS

Baccarat
Chanel

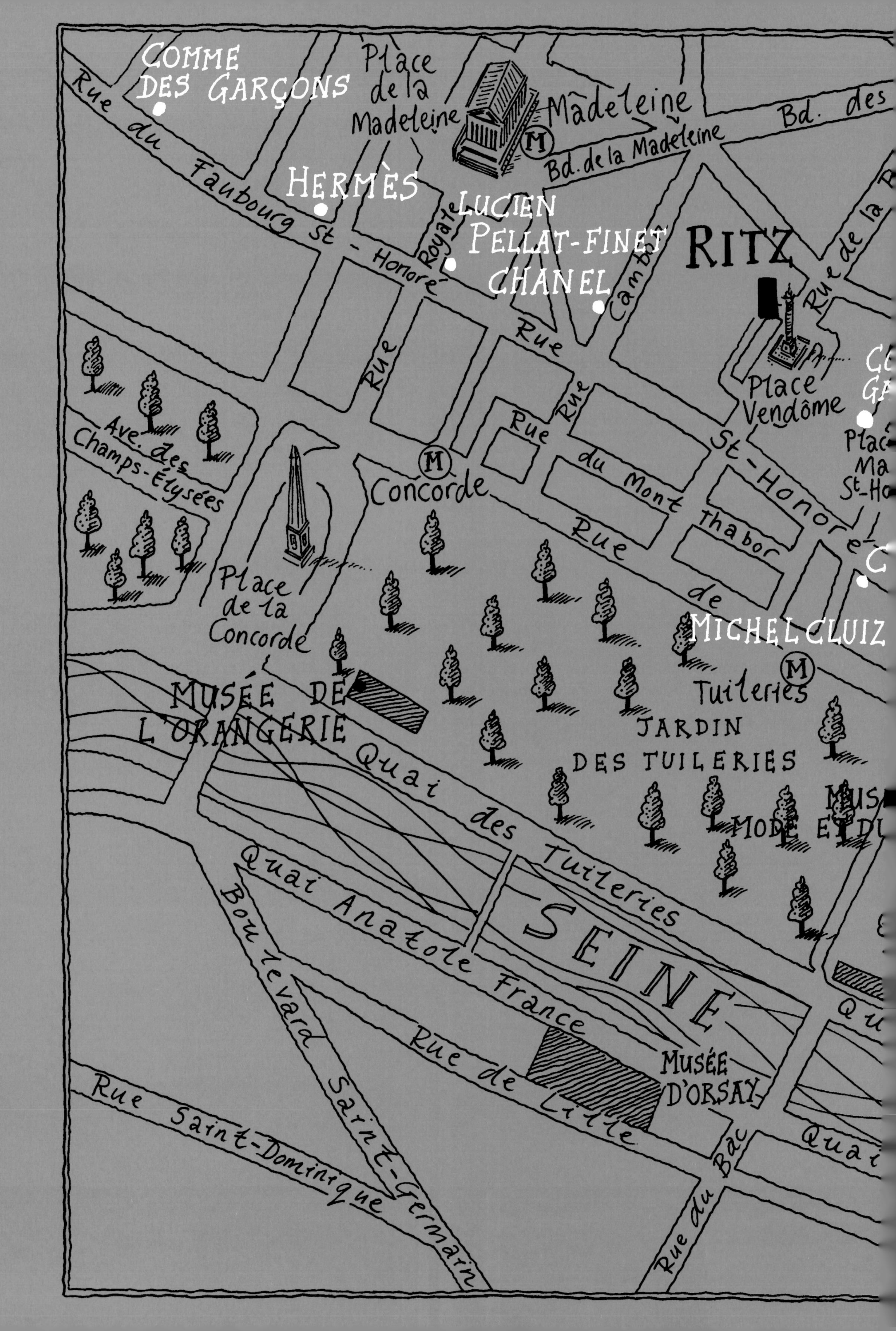
COMME DES GARÇONS
Place de la Madeleine
Madeleine
Bd. de la Madeleine
Bd. des
Rue du Faubourg St-Honoré
HERMÈS
Royale
LUCIEN PELLAT-FINET
CHANEL
RITZ
Rue de la
Place Vendôme
Rue
Rue
Rue
Rue du Mont Thabor
St-Honoré
Ave. des Champs-Élysées
Concorde
Place de la Concorde
Rue de
MICHEL CLUIZ
Tuileries
JARDIN DES TUILERIES
MUSÉE DE L'ORANGERIE
Quai des Tuileries
SEINE
Quai Anatole France
Boulevard Saint-Germain
Rue de Lille
MUSÉE D'ORSAY
Rue Saint-Dominique
Rue du Bac
Quai

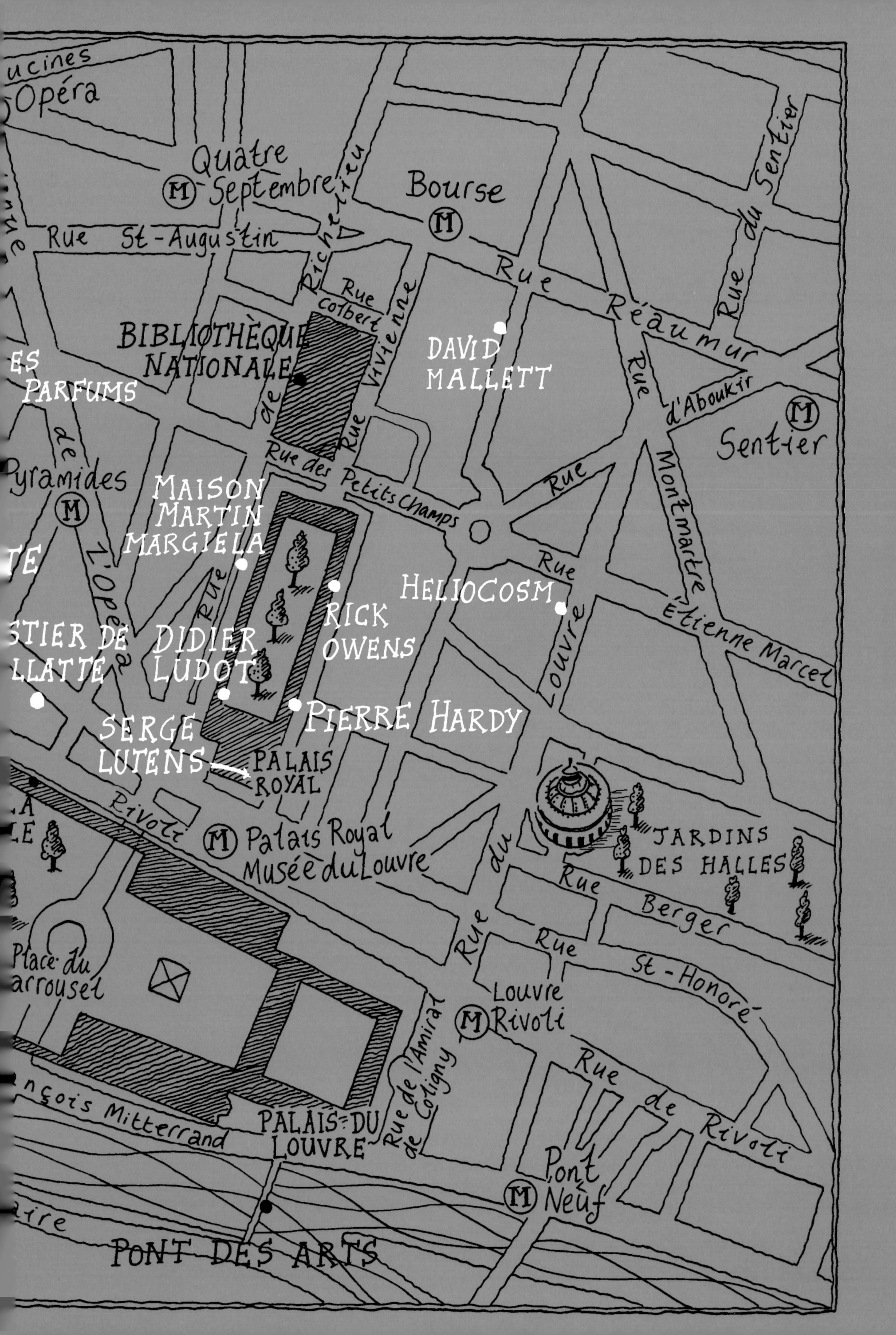
Opéra
Quatre Septembre
Bourse
Rue St-Augustin
Rue de Richelieu
Rue du Sentier
Rue Colbert
Rue Vivienne
Rue Réaumur
BIBLIOTHÈQUE NATIONALE
DAVID MALLETT
PARFUMS
Rue d'Aboukir
Sentier
Pyramides
Rue des Petits Champs
MAISON MARTIN MARGIELA
Rue Montmartre
Rue
HELIOCOSM
RICK OWENS
DIDIER LUDOT
Rue Étienne Marcel
PIERRE HARDY
SERGE LUTENS
PALAIS ROYAL
Rivoli
Palais Royal Musée du Louvre
JARDINS DES HALLES
Rue Berger
Rue du Louvre
Rue St-Honoré
Place du Carrousel
Louvre Rivoli
Rue de Rivoli
Rue de l'Amiral de Coligny
PALAIS DU LOUVRE
Pont Neuf
PONT DES ARTS

Chanel

29–31, rue Cambon, 75001 Paris
☏ +33 1 44 50 70 00
www.chanel.com
Métro: Concorde/Madeleine

In 1910 the French milliner Gabrielle Chanel opened her first shop at this address: Chanel Modes. As Coco Chanel she invented the little black dress and became a legend with the perfume "Chanel No. 5", launched in 1921. The shop and the three rooms opposite in rue Cambon are to this day the headquarters of the Chanel empire, which is now run by Karl Lagerfeld.

An dieser Adresse eröffnete 1910 die französische Hutmacherin Gabrielle Chanel ihren ersten Laden: Chanel Modes. Als Coco Chanel erfand sie das Kleine Schwarze und wurde mit dem Parfum „Chanel No. 5", das sie 1921 lancierte, zur Legende. Der Laden und die darüberliegenden Räume in der rue Cambon sind noch heute Stammsitz des Imperiums Chanel, über das inzwischen Karl Lagerfeld herrscht.

C'est à cette adresse que la modiste française Gabrielle Chanel ouvrit sa boutique Chanel Modes en 1910. Sous le nom de Coco Chanel, elle créa sa fameuse petite robe noire et entra dans la légende avec son parfum « N° 5 » lancé en 1921. La boutique de la rue Cambon et les pièces situées à l'étage sont aujourd'hui encore le siège de l'empire Chanel sur lequel règne maintenant Karl Lagerfeld.

Open: Mon–Sat 10 am–7 pm.
X-Factor: Coco Chanel opened her first atelier in this building.
More: "Fashion comes and goes. Style stays," said Coco Chanel and this conviction has been pursued here since 1910. The tweed costumes and "Chanel No. 5" are legendary.

Öffnungszeiten: Mo–Sa 10–19 Uhr.
X-Faktor: In diesem Haus eröffnete Coco Chanel ihr erstes Atelier.
Außerdem: „Mode geht. Stil bleibt", sagte Coco Chanel – diesem Credo folgt man hier seit 1910. Legendär sind die Tweedkostüme und „Chanel No. 5".

Horaires d'ouverture : Lun–Sam 10h–19h.
Le « petit plus » : C'est dans cette maison que Coco Chanel a ouvert son premier atelier.
Et aussi : « La mode passe, le style reste » a dit Coco Chanel – une devise à laquelle on reste fidèle ici depuis 1910. Les tailleurs en tweed et le « N° 5 » sont légendaires.

31
CHANEL
CHANEL
CHANEL
CHANEL
CHANEL
CHANEL
VOITURIER

CHANEL

Colette

213, rue St-Honoré, 75001 Paris
☏ +33 1 55 35 33 90
www.colette.fr
Métro: Tuileries

The pioneer concept store: three floors of hand-picked fashion, design, books, cosmetics, electronic equipment, a photo gallery and a water bar in the basement, where vegetarian snacks are also served. Shoulder to shoulder with such well-established brands as Dior, Stella McCartney and Pierre Hardy, you can find smaller and younger labels, such as Amélie Pichard or Muveil. There are new and interesting international publications on the bookshelves.

Der Concept-Store der ersten Stunde: drei Etagen mit handverlesener Mode, Design, Büchern, Kosmetik, Elektronik, einer Fotogalerie und einer Wasser-Bar im Untergeschoss (dort werden auch vegetarische Snacks serviert). Neben etablierten Marken wie Dior, Stella McCartney und Pierre Hardy sind auch kleinere und jüngere Label vertreten – zum Beispiel Amélie Pichard oder Muveil. Auf den Büchertischen liegen interessante internationale Neuerscheinungen.

Concept Store de la première heure : mode, design, livres, produits de beauté, électronique, une galerie photo sur trois étages et un bar à eau au sous-sol (où l'on sert aussi des snacks végétariens). À côté de marques comme Dior, Stella McCartney et Pierre Hardy, on y trouve aussi des labels plus jeunes et plus récents – par exemple Amélie Pichard ou Muveil. Sur les tables à livres s'empilent de nouvelles parutions internationales dignes d'intérêt.

Open: Mon–Sat 11 am–7 pm.
X-Factor: Bump into Karl Lagerfeld doing his shopping, and over there in the gallery Helena Christensen is exhibiting her photos.
More: The first concept store of 1997 sells design and life-style articles today which are the trends of tomorrow.

Öffnungszeiten: Mo–Sa 11–19 Uhr.
X-Faktor: Man kann hier schon einmal Karl Lagerfeld beim Einkauf treffen, während Helena Christensen ihre Fotografien in der Galerie ausstellt.
Außerdem: Der erste Concept-Store von 1997 verkauft schon heute Design- und Lifestyle-Artikel, die erst morgen Trend sind.

Horaires d'ouverture : Lun–Sam 11h–19h.
Le « petit plus » : Vous pouvez croiser Karl Lagerfeld en train de faire ses achats et des stars comme Helena Christensen exposent leurs photographies dans la galerie.
Et aussi : Le premier concept store de 1997 vend aujourd'hui des produits design et lifestyle qui feront la mode de demain.

colette
NAGI NODA HANPANDAS
F.U.N.
II
NODA

Lucien Pellat-Finet

231, rue Saint-Honoré, 75001 Paris
1 +33 1 42 22 22 77
www.lucienpellat-finet.com
Metro: Palais Royal/Musée du Louvre

In spring 2010 the "cashmere king" of Paris moved his flag-ship store from rue Montalem-bert to rue Saint-Honoré. Here his complete collection for ladies, gentlemen and children, as well as accessories and jewellery, are displayed over two floors. One highlight is the private salon with a fitting room on wheels – this cube has mirror cladding on the outside and is lined on the inside with a camouflage print designed personally by Pellat-Finet.

Der „Kaschmir-König" von Paris verlegte im Frühjahr 2010 seinen Flagship-Store aus der rue Montalembert in die rue Saint-Honoré. Auf zwei Etagen zeigt er hier seine komplette Kollektion für Damen, Herren und Kinder sowie Accessoires und Schmuck. Höhepunkt ist der Privatsalon mit einer Umkleidekabine auf Rollen – außen ist der Kubus spiegelverkleidet, innen mit einem von Pellat-Finet persönlich entworfenen Camouflage-Druck bezogen.

Au printemps 2010, le « Roi du cachemire » à Paris a transféré dans la rue Saint-Honoré son flagship store de la rue Montalembert. Il y présente sur deux étages l'ensemble de sa collection pour femmes, hommes et enfants ainsi que des accessoires et des bijoux. L'attraction du magasin est le salon privé avec sa cabine d'essayage sur roulettes – le cube est vitré à l'extérieur et habillé à l'intérieur d'un revêtement camouflage imaginé par Pellat-Finet lui-même.

Open: Mon–Fri 10.30am–7pm, Sat 11am–7pm.
X-Factor: The 150-square-metre boutique has been kept all in white, designed by Buttazzoni & Associés (Paris). The spaces are minimalist and the cashmere pullovers along the walls of the winding corridor are like works of art.
More: The iPhone decorated with the typical skulls and hemp leaves.

Öffnungszeiten: Mo–Fr 10.30–19 Uhr, Sa 11–19 Uhr.
X-Faktor: Das Design der 150 Quadratmeter großen Boutique ganz in Weiß stammt von Buttazzoni & Associés (Paris). Es umfasst minimalistische Räume und einen gewundenen Gang, an dessen Wänden die Kaschmirpullover fast wie Kunstwerke wirken.
Außerdem: Das mit den typischen Totenköpfen und Hanfblättern verzierte iPhone.

Horaires d'ouverture : Lun–Ven 10h30–19h, Sam 11h–19h.
Le « petit plus » : Le design tout en blanc de la boutique de 150 mètres carrés est signé Buttazzoni & Associés (Paris). Il se caractérise par des pièces minimalistes et un couloir sinueux aux murs duquel les pullover en cachemire ressemblent à des œuvres d'art.
Et aussi : Le iPhone avec des motifs tels que des têtes de mort ou des feuilles de chanvre.

lucien
pellat-finet

Comme des Garçons Parfums

23, Place du Marché St-Honoré, 75001 Paris
☏ +33 1 47 03 15 03
Métro: Tuileries/Pyramides

The London architect's office Future Systems designed the pink façade. Rei Kawakubo chose Paris as the sole location in the world for her unisex perfume shop. The unusual, rather masculine fragrances are worth getting to know. I especially love the perfumed candles myself, which are named after five holy towns: Jaisalmer, Zagorsk, Tokyo, Avignon and Quarzazate. Yet another special gift.

Die pinkfarbene Fassade wurde vom Londoner Architekturbüro Future Systems entworfen. Rei Kawakubo wählte Paris als einzigen Ort der Welt für ihren Unisex-Parfumladen. Die ausgefallenen, eher maskulinen Duftnoten sind ein Schnuppern wert. Ich selbst liebe vor allem die Duftkerzen, die nach fünf heiligen Städten benannt sind: Jaisalmer, Zagorsk, Tokyo, Avignon und Quarzazate, auch immer wieder ein besonderes Geschenk.

La façade rose bonbon a été dessinée par le cabinet d'architectes londoniens Future Systems. Rei Kawakubo a choisi Paris pour y ouvrir sa seule parfumerie unisexe. Très originales, les senteurs plutôt viriles valent qu'on s'y arrête un moment. Pour ma part, j'aime surtout les bougies odorantes nommées d'après cinq villes saintes : Jaisalmer, Zagorsk, Tokyo, Avignon et Ouarzazate. C'est toujours un cadeau qui sort de l'ordinaire.

Open: Mon–Sat 11 am–7 pm
X-Factor: The perfumed candles named after five holy cities.
More: Rei Kawakubo considers perfumes to be an experimental field and presents them in a futuristic ambience.

Öffnungszeiten: Mo–Sa 11–19 Uhr
X-Faktor: Die Duftkerzen, benannt nach fünf heiligen Städten.
Außerdem: Parfums bezeichnet Rei Kawakubo als Experimentierfeld – und präsentiert sie in futuristischem Ambiente.

Horaires d'ouverture : Lun–Sam 11h–19h
Le « petit plus » : Les bougies parfumées portant le nom des cinq villes saintes.
Et aussi : Pour Rei Kawakubo, les parfums sont un champ d'expérimentation qu'il présente dans une ambiance futuriste.

COMME des GARÇONS
parfums PARFUMS

Chocolat Michel Cluizel

201, rue St-Honoré, 75001 Paris
☏ +33 1 42 44 11 66
www.chocolatmichelcluizel.com
Métro: Tuileries/Pyramides

Michel Cluizel has been manufacturing chocolate since 1948 and today exports to gourmet shops throughout the whole world. In his Paris shop, chocolate even flows from a copper fountain, its inimitable smell tempting the customer to make umpteen purchases. The orange or coffee flavoured dark chocolate are just two of the best variations, always fresh, always of the highest quality and packed in elegant black paper.

Michel Cluizel produziert seit 1948 Schokolade und exportiert sie heute in Delikatessenläden auf der ganzen Welt. In seinem Pariser Geschäft gibt es sogar einen Kupferbrunnen, aus dem Schokolade fließt – sein unvergleichlicher Duft verführt zu zahlreichen Einkäufen. Zu den besten Variationen der in edles schwarzes Papier verpackten Sorten gehören die dunkle Schokolade mit Orangen- und Kaffeearoma, immer ganz frisch und in allerhöchster Qualität.

Chocolatier depuis 1948, Michel Cluizel exporte ses produits dans le monde entier. Dans sa boutique parisienne on trouve même une fontaine en cuivre remplie de chocolat dont l'incomparable parfum incite à une débauche d'achats. Parmi les meilleures variations de tablettes de chocolat enveloppées dans un élégant papier noir, n'oublions pas de citer le chocolat noir aux écorces d'orange et le chocolat noir au café. Tous les produits sont très frais et de grande qualité.

Open: Mon–Sat 10 am–7 pm
X-Factor: A chocolate fountain and a large selection of chocolate bars, chocolates and macaroons.
More: Everyone will find a souvenir they can afford here.

Öffnungszeiten: Mo–Sa 10–19 Uhr
X-Faktor: Schokoladenbrunnen und große Auswahl an Schokoladentafeln, Pralinen und Makronen.
Außerdem: Hier findet man Mitbringsel in jeder Preiskategorie.

Horaires d'ouverture : Lun–Sam 10h–19h
Le « petit plus » : Fontaine de chocolat et grande sélection de tablettes de chocolat, pralines et macarons.
Et aussi : Petits cadeaux-souvenirs pour toutes les bourses.

GRAINS D'AROME
AMANDES AU CHAUDRON
ECLATS DE CACAO

Astier de Villatte

173, rue St-Honoré, 75001 Paris
☏ +33 1 42 60 74 13
www.astierdevillatte.com
Métro: Palais Royal Musée du Louvre

Astier de Villatte sells extremely beautiful decorative ceramics. Everything is glazed white, with uneven surfaces and irregular forms. The ceramics have a unique, almost indescribable appeal, bearing not the faintest resemblance to rustic pottery. It's also worth having a look at the very original website.

Astier de Villatte verkauft wunderschöne, dekorative Keramik. Alle Stücke sind weiß lasiert und haben unebene Oberflächen und unregelmäßige Formen, sie haben eine ganz eigene, kaum zu beschreibende Note – mit bäuerlicher Töpferware haben sie jedenfalls nichts zu tun. Die originelle Website ist ebenfalls einen Besuch wert.

Astier de Villatte vend de merveilleuses céramiques décoratives. Toutes les pièces sont recouvertes d'un glacis blanc et présentent une surface et des formes irrégulières – elles n'ont rien à voir avec la poterie rustique traditionnelle. Le site Web et ses cartes de tarot vaut également la visite.

Open: Mon–Sat 11 am–7:30 pm
X-Factor: The series of octagonal crockery named Révolution.
More: The Astier de Villatte factory is famous for its white-glazed ceramics, many of which recall the France of a big gone era.

Öffnungszeiten: Mo–Sa 11–19.30 Uhr
X-Faktor: Die achteckige Geschirrlinie „Révolution".
Außerdem: Die Manufaktur Astier de Villatte ist für weiß lasierte Keramikwaren bekannt – viele erinnern an das Frankreich vergangener Zeiten.

Horaires d'ouverture : Lun–Sam 11h–19h30
Le « petit plus » : La ligne de vaisselle octogonale nommée Révolution.
Et aussi : La manufacture Astier de Villatte est connue pour ses pièces de céramique émaillées de blanc dont plusieurs évoquent la France de l'ancien temps.

Maison Martin Margiela

25 bis, rue de Montpensier, 75001 Paris
☏ +33 1 40 15 07 55
www.maisonmartinmargiela.com
Métro: Palais Royale/Musée du Louvre

Martin Margiela wanted to maintain his anonymity as a fashion designer. He shunned photographers and never gave interviews. In 2008 he left the company, which still bears his name but is now owned by Renzo Rosso, the Italian jeans manufacturer. Fortunately, however, you hardly notice any difference: it is as if the maestro is still present, or has just stepped out for a moment. The furniture has white loose covers, and staff wear the lab coats which used to be traditional in Parisian haute couture houses.

Als Modeschöpfer wollte Martin Margiela anonym bleiben. Er verweigerte sich Fotografen und gab nie Interviews. 2008 verließ er das Unternehmen, das noch immer seinen Namen trägt, aber mittlerweile dem italienischen Jeansindustriellen Renzo Rosso gehört. Davon ist aber zum Glück nicht viel zu merken. In den Margiela-Boutiquen geht es noch immer so zu, als wäre der Meister zugegen und, wie es in den Kindertotenliedern heißt: nur ausgegangen. Die Möbel sind mit weißen Hussen überzogen, die Angestellten treten in den für die Pariser Häuser der Haute Couture einst klassischen Labormänteln auf.

Martin Margiela voulait rester un créateur de mode anonyme. Il refusait les photographes et ne donnait jamais d'interviews. En 2008, il a quitté l'entreprise qui porte encore son nom, même si elle appartient désormais à l'industriel italien du jean Renzo Rosso. Par chance, cela ne se voit pas beaucoup et dans les boutiques Margiela, tout continue comme si le maître était encore présent – ou seulement sorti. Les meubles sont recouverts de housses blanches, les employés portent les blouses de laboratoire autrefois classiques dans les maisons parisiennes de haute couture.

Open: Mon–Sat 11 am–7 pm.
X-Factor: The trademark feature of the collections is loosely-sewn white labels. Margiela creations are identified by the four tacking stitches visible on the outside of the garment.

Öffnungszeiten: Mo–Sa 11–19 Uhr.
X-Faktor: Die Kollektionen sind durch ein lose eingenähtes weißes Etikett gekennzeichnet. An den vier Stichen des Heftfadens sind die Margiela-Kreationen zu erkennen.

Horaires d'ouverture : Lun–Sam 11h–19h.
Le « petit plus » : Les collections sont marquées d'une étiquette blanche pas très solidement cousue. On reconnaît les créations de Margiela aux quatre points du faufil.

Heliocosm

25 rue Hérold, 75001 Paris
☏ +33 1 42 36 86 67
Métro: Palais Royal – Musée du Louvre

Even before its official opening, this natural cosmetics laboratory featured in cutting-edge architecture and design blogs. The reason for this is the spectacular spatial design by a Paris firm called, appropriately enough, Freaks freearchitects. A wooden tunnel connects the ice-blue reflective sections of the laboratory and sales areas. Minimal space was used here to maximum effect. Customers can mix their own cosmetics from a range of basic substances in Heliocosm. The products are then transferred to plain black plastic bottles, in keeping with the futuristic mood of the premises.

Open: Mon–Sat 10 am–7 pm.
X-Factor: Heliocosm does not have a website, and it's not easy to find the store. Another form of marketing: the brand as insider tip.
More: The store puts on cosmetic production courses at the weekend. Details available from sales staff.

Das Laboratorium für natürliche Kosmetik war bereits vor der offiziellen Eröffnung auf den wegweisenden Architektur- und Designblogs präsent. Das liegt an seiner spektakulären Raumgestaltung, die vom Pariser Büro Freaks Freearchitects entworfen wurde – nomen est omen. Ein hölzerner Tunnel verbindet die eisblau spiegelnden Teile von Labor und Verkaufsfläche. Hier wurde auf minimalem Raum ein maximaler Effekt geschaffen. Bei Heliocosm dürfen sich die Kunden aus diversen Grundsubstanzen eine individuelle Kosmetik anmischen lassen. Anschließend werden die Produkte in schlicht schwarze Plastikflaschen abgefüllt, wie es dem futuristischen Ambiente der Räumlichkeiten entspricht.

Öffnungszeiten: Mo–Sa 10–19 Uhr.
X-Faktor: Heliocosm betreibt keine Webseite, der Laden ist zudem nicht leicht zu finden. Auch eine Art von Marketing: Marke Geheimtipp.
Außerdem: An den Wochenenden werden dort Kurse in Kosmetikherstellung angeboten. Das Verkaufspersonal hält Informationen bereit.

Le laboratoire de cosmétique naturelle était présent sur les blogs d'architecture et de design les plus prometteurs avant même son ouverture officielle. Il le doit à son remarquable agencement intérieur, œuvre du cabinet parisien Freaks Freearchitects – nomen est omen. Un tunnel en bois relie les volumes bleu glacier miroitants du laboratoire et de l'espace vente. Un effet maximal a été ici obtenu sur une surface minimale. Chez Heliocosm, les clients peuvent se faire mélanger des produits cosmétiques personnalisés à partir de différentes matières premières. Le résultat est ensuite vendu dans des flacons en plastique noir tout simples qui correspondent à l'atmosphère futuriste de l'endroit.

Horaires d'ouverture : Lun–Sam 11h–19h.
Le « petit plus » : Heliocosm n'a pas de site Web et le magasin n'est pas facile à trouver. C'est aussi du marketing : marque « bon tuyau ».
Et aussi : Des cours de fabrication de produits cosmétiques sont proposés le week-end : les vendeurs tiennent toutes les informations à votre disposition.

EERO
SAARINEN

Serge Lutens

142 Galerie de Valois, 75001 Paris
☏ +33 1 49 27 09 09
Métro: Palais Royal - Musée du Louvre

The aristocracy of Parisian fashion has established itself in and around the Palais Royal arcades. *Noblesse oblige*, and it still wears black. Serge Lutens began his career in hairdressing in the 1970s, and then went on to become a makeup artist for *Vogue*. He developed his first perfume, Nombre Noir, for the Japanese brand Shiseido in 1982, as well as cosmetics. In his own perfumery, strictly limited editions of fragrances are sold to connoisseurs who are devoted followers of the master. Serge Lutens has not only read Tanizaki Jun'ichiro's seminal essay *In Praise of Shadows*, he inhaled it as well. His fragrances are dedicated to lovers of things mystical and shadowy. You won't find a girly scent or something sporty and fresh in his store.

Open: Mon–Sat 10 am–7 pm.
X-Factor: Some fragrances are limited editions, sold exclusively in the main Paris store. The lacquered powder cases are worth collecting.
More: An exquisite store, in a minimalist style.

Im und um den Laufgarten des Palais Royal ist heute die Aristokratie der Pariser Modegesellschaft ansässig geworden. Die Noblesse verpflichtet, und sie trägt noch immer Schwarz. Serge Lutens begann seine Karriere in den Siebzigerjahren als Friseur und später auch Make-up-Artist für die *Vogue*, sein erstes Parfum namens Nombre Noir entstand 1982 für die japanische Marke Shiseido, für die er auch Schminkprodukte entwickelte. In seiner eigenen Parfümerie werden streng limitierte Düfte an Kenner verkauft, die dem Meister willenlos ergeben sind. Serge Lutens hat Tanizaki Jun'ichiros Fibel *Lob des Schattens* nicht nur gelesen, sondern inhaliert. Seine Düfte sind den Liebhabern des Mysteriösen und Schattigen gewidmet.

Öffnungszeiten: Mo–Sa 10–19 Uhr.
X-Faktor: Einige Düfte sind limitiert und werden exklusiv im Pariser Stammgeschäft verkauft. Das Sammeln der lackierten Puderdosen rentiert sich!
Außerdem: Wunderschönes, minimalistisch dekoriertes Geschäft.

L'aristocratie de la mode parisienne a aujourd'hui élu domicile dans et autour des jardins du Palais Royal. Noblesse oblige, elle porte encore et toujours du noir. Serge Lutens a commencé sa carrière dans les années soixante-dix comme coiffeur, puis artiste maquilleur, pour *Vogue*. Son premier parfum, Nombre Noir, a vu le jour en 1982 pour la marque japonaise Shiseido, pour laquelle il a également développé des produits de maquillage. Dans sa parfumerie, des fragrances en nombre strictement limité sont vendues à des connaisseurs qui se soumettent sans volonté à celle du maître. Si Serge Lutens a lu *Eloge de l'ombre* de Tanizaki Jun'ichiros, il l'a aussi inhalé. Ses parfums sont dédiés aux amoureux du mystère et de l'ombre.

Horaires d'ouverture : Lun–Sam 10h–19h.
Le « petit plus » : Certains parfums en exclusivité sont uniquement vendus dans la boutique-mère à Paris. Collectionner les poudriers laqués est une activité rentable !
Et aussi : Magasin au merveilleux décor minimaliste.

141
142
143
144
SERGE LUTENS
SERGE LUTENS
PALAIS ROYAL
SERGE LUTENS
SERGE LUTENS

Pierre Hardy

156, Galerie de Valais, 75001 Paris
☏ +33 1 42 60 59 57
palaisroyal@pierrehardy.com
Métro: Palais Royal – Musée du Louvre

Not everyone is aware that Pierre Hardy began his career as a dancer, though it is obvious from his shoes. Even his delicate designs are carefully thought out and work just as well on pampered feet, though the dramatic visual effect is still as important, as both men and women look fantastic in or on Pierre Hardy's creations. Hardy has created the shoes for all the Hermès collections since 1990, and has brought out his own women's and men's lines since 1998. He was the first to pioneer the so-called designer trainer, an ankle boot with Velcro strap which appears in every season in new shades of leather and different materials. The worst thing about this simple, stylish boutique is that you always find something to buy. And you ask yourself: how does this man know what I want?

Open: Mon–Sat 11 am–7 pm.
X-Factor: Pierre Hardy is also responsible for the Hermès jewellery collection.

Dass Pierre Hardy seine Karriere als Tänzer begonnen hat, weiß nicht jeder, aber seinen Schuhen ist es anzumerken: Zum einen sind selbst fragile Konstruktionen wohldurchdacht und funktionieren selbst an verwöhnten Füßen, ebenso wichtig bleibt aber die Bühnenwirkung, denn in oder auf Pierre Hardys Kreationen sehen sowohl Damen wie Herren fabelhaft aus. Seit 1990 entwirft Herr Hardy bei Hermès die Schuhe für sämtliche Kollektionen, seit 1998 bringt er zudem unter dem eigenen Namen eine Linie für Damen und eine für Herren heraus. Das Schlimme an der schlicht und schnittig gestalteten Boutique ist: Man findet immer was. Und fragt sich: Woher weiß dieser Mann, was ich will?

Öffnungszeiten: Mo–Sa 11–19 Uhr.
X-Faktor: Pierre Hardy ist auch für die Schmuckkollektionen bei Hermès verantwortlich.

Tout le monde ne le sait pas, mais Pierre Hardy a commencé sa carrière comme danseur, on le voit à ses chaussures : d'une part à ce que même les plus fragiles assemblages sont parfaitement pensés et habillent les pieds les plus dorlotés, d'autre part à l'effet scénique, car tous, hommes ou femmes, font un effet sensationnel dans ou sur les créations de Pierre Hardy. Depuis 1990, il crée les chaussures de toutes les collections Hermès et depuis 1998, il sort sous son nom une ligne pour femmes et une pour hommes. Ce qu'il y a de terrible dans la boutique aménagée avec sobriété et style, c'et qu'on y trouve toujours quelque chose. On se demande alors : comment cet homme sait-il si bien ce que je veux ?

Horaires d'ouverture : Lun–Sam 11h–19h.
Le « petit plus » : Pierre Hardy est également responsable de la collection bijoux d'Hermès.

Rick Owens

130-133, Galerie de Valois, 75001 Paris
☎ +33 1 40 20 42 52
Métro: Palais Royal – Musée du Louvre

Californian Rick Owens' fashions are a far cry from the relaxed, sun-kissed beaches of the Sunshine State. Dusky, sludgy hues, leathers and black all feature strongly in his work, though the ingenious tailoring is snugly sculptured to flatter body shapes. Rick Owens is primarily a sculptor and artist, and his collections are just one part of a complete artistic oeuvre which even includes furniture, for one. Once inside his outrageously elegant stores, which he designs and kits out himself, we soon realize that the dusky look can also lift the spirits, in an all-round sensory experience. This particular branch, located in the arcades of the fabulous Palais Royal, is his most successful.

Die Mode des Kaliforniers Rick Owens hat so gar nichts von der entspannten Strandseligkeit des Sunshine State. Bei ihm dominieren Staub- und Schlammtöne, Ledernes und Schwarz, aber die Schnitte sind genial und hüllen ein, umschmeicheln die Silhouetten. Rick Owens ist in erster Linie Bildhauer und Künstler, und seine Kollektionen sind lediglich Ausschnitte eines Gesamtwerkes, das zum Beispiel auch Möbel umfasst. Dass Düsteres auch heiter stimmen kann, lässt sich in seinen maßlos eleganten Shops, die er selbst einrichtet und gestaltet, mit allen Sinnen erfahren. Dieser, in den Arkaden des märchenhaften Palais Royal gelegen, ist sein gelungenster.

La mode du Californien Rick Owens n'a apparemment rien du bien-être béat et décontracté qu'on voit sur les plages de l'État du soleil. Les tons de poussière et de boue dominent avec le cuir et le noir, mais les coupes sont fantastiques et vous enveloppent pour flatter la silhouette. Rick Owens est avant tout sculpteur et artiste, ses collections ne sont que des extraits d'une œuvre totale qui comprend notamment aussi des meubles. Les teintes obscures peuvent aussi rendre gai, on le perçoit par tous les sens dans ses magasins à l'élégance excessive qu'il aménage et conçoit lui-même. Celui-ci, sous les arcades du légendaire Palais Royal, est le plus réussi de tous.

Open: Mon–Sat 10:30 am–7 pm.
X-Factor: Rick Owens worked as a designer for the fur company Révillon Frères for several years. His sense of flowing lines and old-fashioned opulence, as well as his liberal use of soft materials like nappa leather and cashmere, makes him a fashion designer unlike any other.
More: There is a life-size sculpture of the maestro himself in the store. As you can see, one of his priorities is body building.

Öffnungszeiten: Mo–Sa 10.30–19 Uhr.
X-Faktor: Rick Owens hat lange für das Pelzhaus der Gebrüder Révillon entworfen. Sein Gespür für fließende Linien und archaische Üppigkeit sowie sein rücksichtsloser Umgang mit weichen Materialien machen ihn zu einem Modeschöpfer, der unvergleichlich bleibt.
Außerdem: Im Geschäft findet sich eine lebensgroße Skulptur des Meisters selbst. Er legt großen Wert auf Bodybuilding, wie man sieht.

Horaires d'ouverture : Lun–Sam 10h30–19h.
Le « petit plus » : Rick Owens a longtemps créé pour les fourreurs frères Révillon. Son sens des lignes fluides et de l'exubérance archaïque, allié à l'emploi intransigeant qu'il fait de matières douces et tendres, en font un créateur de mode qui reste sans égal.
Et aussi : Dans le magasin se trouve une sculpture grandeur nature du maître lui-même. Il attache beaucoup d'importance au body building, cela se voit.

David Mallett

14, rue Notre Dame des Victoires, 75002 Paris
☎ +33 1 40 20 00 23
www.david-mallett.com
Métro: Bourse

For many years Australian David Mallett has been the hair stylist for French *Vogue*, as well as many fashion photographers and their favourite models. Bouncy curls are his signature look, though there is also a smart take on the classic Parisian crop. The salon is located in a bel étage apartment near Palais Royal. The airy rooms are decorated with design classics and birds of paradise, the work of taxidermist Deyrolle. Coffee is served on the plant-filled terrace overlooking the courtyard.

Der Australier David Mallett ist seit vielen Jahren der Haarstylist der französischen *Vogue* sowie etlicher Modefotografen und ihrer Lieblingsmodelle. Sein Signature Look heißt Bouncy Curly, aber auch die klassische Pariser Kurzhaarfrisur wird dort in adrette Form gebracht. Der Salon residiert auf einer Beletage nahe dem Palais Royal. Die luftigen Räume sind mit Designklassikern und Paradiesvögeln von Deyrolle dekoriert. Auf der begrünten Terrasse zum Hof wird Kaffee serviert.

L'Australien David Mallett est depuis longtemps déjà le coiffeur styliste de *Vogue France*, et celui de plusieurs photographes de mode et leurs mannequins favoris. Sa marque de fabrique est le look dit Bouncy Curly, mais la coiffure parisienne classique à cheveux courts prend aussi une forme très coquette entre ses mains. Le salon occupe un appartement bourgeois à proximité du Palais Royal. Les pièces spacieuses et aérées sont ornées de classiques design et d'oiseaux de paradis de Deyrolle. Le café est servi sur la terrasse de verdure qui donne sur la cour.

Open: Thurs–Sat 10 am–7 pm, by telephone appointment.
X-Factor: David Mallett has his own line in hair care products which are fragrance-free and have no added colouring.
More: A range of cosmetic treatments are also available in the salon. The focus is on the personal consultation with the stylists. Allow about two hours of your time.

Öffnungszeiten: Di–Sa 10–19 Uhr nach telefonischer Terminabsprache.
X-Faktor: David Mallett hat eine eigene Linie mit Haarpflegeprodukten ohne Parfüm und Farbstoffzusätzen.
Außerdem: Im Salon werden auch sämtliche Kosmetikbehandlungen angeboten. Das persönliche Beratungsgespräch mit den Stylisten steht im Mittelpunkt. Bringen Sie circa zwei Stunden Zeit mit.

Horaires d'ouverture : Mar–Sam 10h–19h sur rendez-vous.
Le « petit plus » : David Mallett a développé sa propre ligne de soins capillaires sans parfum ni colorant.
Et aussi : Le salon offre aussi une gamme complète de soins cosmétiques, centrée sur l'entretien conseil personnalisé avec un styliste. Prévoyez au moins deux heures.

Didier Ludot

Jardin du Palais Royal
20–24, Galerie Montpensier, 75001 Paris
☏ +33 1 42 96 06 56
www.didierludot.com
Métro: Palais Royal Musée du Louvre

Both of Didier Ludot's boutiques in the Palais Royal are institutions in the fashion metropolis Paris. They are considered living archives of haute couture. This is where internationally successful models come when they are in town on a visit. In the first shop you can buy haute couture designs from the entire 20th century, such as by Dior, Courrèges, Balenciaga and Cardin – and next door the accessories, be it a Hermès bag, a Pucci scarf or Chanel jewellery.

Die beiden Boutiquen von Didier Ludot im Palais Royal sind Institutionen in der Mode-Metropole Paris. Sie gelten als lebende Archive der Haute Couture – hierher kommen auch die international erfolgreichen Models, wenn sie zu Schauen in der Stadt sind. Im ersten Laden kann man Haute-Couture-Modelle aus dem gesamten 20. Jahrhundert kaufen (z. B. von Dior, Courrèges, Balenciaga und Cardin) und gleich nebenan Accessoires – von Hermès-Taschen über Pucci-Schals bis zu Chanel-Schmuck.

Les deux boutiques de Didier Ludot au Palais Royal sont des institutions dans la métropole de la mode qu'est Paris. Elles sont des archives vivantes de la Haute Couture – c'est ici que viennent aussi les top-modèles internationales, lorsqu'elles font des défilés en ville. La première boutique offre des modèles de la Haute Couture du 20e siècle (par exemple de Dior, Courrèges, Balenciaga et Cardin). Juste à côté on trouve les accessoires – des sacs Hermès aux bijoux Chanel en passant par les écharpes de Pucci.

Open: Mon–Sat 10:30 am–7 pm
X-Factor: Vintage haute couture.
More: The little shops offer a wide selection ranging from daily wear to evening fashion, shoes and accessories. A further boutique "La Petite Robe Noir" can be found on the other side of the Palais Royale.

Öffnungszeiten: Mo–Sa 10.30–19 Uhr
X-Faktor: Vintage-Haute-Couture.
Außerdem: Das Angebot umfasst Tagesgarderobe, Abendmode, Schuhe und Accessoires. Eine weitere Boutique „La Petite Robe Noir" gibt es auf der anderen Seite des Palais Royal.

Horaires d'ouverture : Lun–Sam 10h30–19h
Le « petit plus » : Vintage haute couture
Et aussi : Les deux boutiques offre des tenues de jour et de soirée, des chaussures et des accessoires. De l'autre côté de Palais Royal se trouve une autre boutique « La Petite Robe Noire ».

DIDIER LUDOT
24
DIDIER LUDOT
24

Hermès

24, rue du Faubourg St-Honoré, 75008 Paris
☏ +33 1 40 17 46 00
www.hermes.com
Métro: Concorde/Madeleine

The house of Hermès rose to fame with its saddles, which were once delivered to all the courts in Europe. The company opened its first business at this location in rue du Faubourg St-Honoré in 1889. Hermès articles have become cult objects and the shop displays its world-famous range here, from silk scarves to Kelly and Birkin bags, and even dog collars. You can expect the highest of quality – a Hermès scarf or belt is forever.

Berühmt wurde das Haus Hermès durch seine Pferdesattel, die einst an alle Höfe Europas geliefert wurden. An dieser Stelle der rue du Faubourg St-Honoré eröffnete das Unternehmen 1889 sein erstes Geschäft. Heute ist Hermès Kult und bietet hier sein weltbekanntes Sortiment an – vom Seidentuch über die Kelly oder Birkin Bag bis zum Hundehalsband. Allerhöchste Qualität ist selbstverständlich – ein Hermès-Tuch oder einen Gürtel kauft man fürs Leben.

La maison Hermès devint célèbre grâce à sa selle de cheval livrée jadis à toutes les cours d'Europe. C'est à cet endroit de la rue du Faubourg St-Honoré que l'entreprise ouvrit son premier magasin en 1889. De nos jours, Hermès continue d'y vendre ses produits connus dans le monde entier, du carré en soie au collier pour chien, en passant par le sac Kelly ou Birkin. Un foulard ou une ceinture Hermès est quelque chose qui s'achète pour la vie.

Open: Mon–Sat 10:30 am–6:30 pm.
X-Factor: Classics such as the Birkin Bag or the Kelly Bag. Even celebrities queue up for these.
More: Here you can find the legends of the label, for example the "Carré Hermès", inspired by the equestrian world.

Öffnungszeiten: Mo–Sa 10.30–18.30 Uhr.
X-Faktor: Klassiker wie die Birkin Bag und die Kelly Bag, für die selbst VIPs Schlange stehen.
Außerdem: Hier findet man die Legenden des Labels – etwa das „Carré Hermès", aus der Reiterwelt inspiriert.

Horaires d'ouverture : Lun–Sam 10h30–18h30.
Le « petit plus » : Des classiques comme le sac Birkin ou le sac Kelly pour lesquels même les VIP font la queue.
Et aussi : C'est ici qu'on trouve les articles légendaires de la marque, comme le « Carré Hermès » inspiré par le monde équestre.

Comme des Garçons

54, rue du Faubourg St-Honoré, 75008 Paris
☎ +33 1 53 30 27 27
Métro: Concorde/Madeleine

Only a small doorbell gives an indication of the presence of the shop in the courtyard, where Comme des Garçons has set up one of the most unusual boutiques on rue du Faubourg St-Honoré. In an austere environment, the Japanese fashion label presents avant-garde designs for men and women. An insider tip and an unconventional alternative to all the French boutiques in the neighbourhood.

Nur ein kleines Klingelschild weist auf den Laden im Hinterhof, in dem Comme des Garçons eine der ungewöhnlichsten Boutiquen entlang der rue Faubourg St-Honoré eingerichtet hat. Hier präsentiert das japanische Modelabel in schlichter Umgebung avantgardistische Entwürfe für Männer und Frauen. Ein Tipp für Insider und eine unkonventionelle Abwechslung zu all den französischen Boutiquen in der Nachbarschaft.

Dans la rue du Faubourg St-Honoré, seule une petite sonnette indique le magasin situé dans l'arrière-cour, où Comme des Garçons a aménagé son extraordinaire boutique. Dans un cadre sobre, la marque japonaise présente créations avant-gardistes (mode féminine et masculine). Un bon tuyan. Le non-conformisme des lieux nous change des boutiques du voisinage.

Open: Mon–Sat 11 am–7 pm.
X-Factor: The chili-pepper red chill-out lounge.
More: Comme des Garçons displays the collection for men and women in an award-winning interior design.

Öffnungszeiten: Mo–Sa 11–19 Uhr.
X-Faktor: Die knallrote Chill-out-Lounge.
Außerdem: In preisgekröntem Interior-Design zeigt Comme des Garçons die Kollektion für Damen und Herren.

Horaires d'ouverture : Lun–Sam 11h–19h.
Le « petit plus » : La Chill out-Lounge rouge vif.
Et aussi : Comme des Garçons présente les collections pour femmes et pour hommes dans un intérieur design qui a été primé.

Ave. Foch
ARC DE TRIOMPHE
Avenue Victor Hugo
Rue de la Pompe
Avenue
Avenue
Kléber
Avenue D'Iéna
Ave. Bugeaud
Victor Hugo
Place Victor Hugo
Lauriston
Kléber
Rue Boissière
Raymond
LA MAISON DE BACCARAT
Rue
Boissière
Rue de Lubeck
Ave. d'Iéna
Rue
Avenue
Poincaré
Ave. d'Eylau
Avenue du
Iéna
Place du Trocadéro et du 11 Novembre
Trocadéro
MUSÉE DE LA MARINE
JARDINS DU TROCADÉRO
PALAIS DE CHAILLOT
Place de Varsovie
Ave. de New York
Quai
MUSÉE DU QUAI DE BR

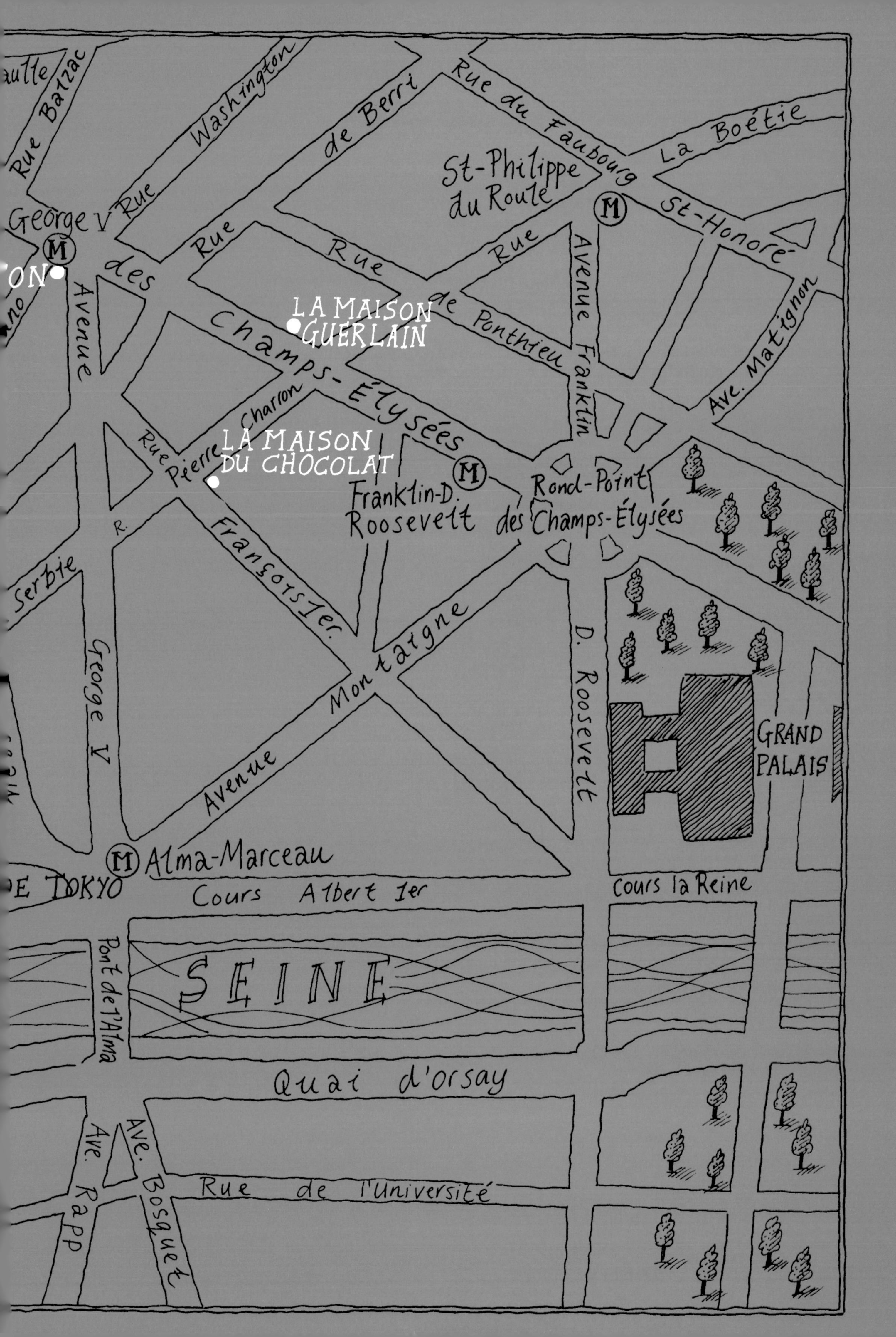
Rue Balzac
Rue Washington
Rue de Berri
Rue du Faubourg
La Boétie
St-Philippe du Roule
St-Honoré
George V
Rue
Rue
Rue de Ponthieu
Rue
Avenue Franklin
des Champs-Élysées
LA MAISON GUERLAIN
Avenue
Ave. Matignon
Rue Pierre Charron
LA MAISON DU CHOCOLAT
Franklin-D. Roosevelt
Rond-Point des Champs-Élysées
R.
Serbie
François 1er
Avenue Montaigne
D. Roosevelt
George V
GRAND PALAIS
Alma-Marceau
Cours Albert 1er
Cours la Reine
SEINE
Pont de l'Alma
Quai d'orsay
Ave. Rapp
Ave. Bosquet
Rue de l'Université

Louis Vuitton

101, Avenue des Champs-Élysées, 75008 Paris
☏ +33 1 53 57 52 00
www.louisvuitton.com
Métro: George V

The Louis Vuitton flagship on the Champs-Élysées was opened in October 2005. A genuine boutique de luxe, which the architects Peter Marino and Eric Carlson conceived with the theme "La Promenade" in mind. Modern art, including works by Olafur Eliasson and James Turrell, forms the splendid frame for even more splendid fashion and accessories. You will never tire of a Louis Vuitton item, the design is timeless, the workmanship simply fantastic. My toilet bag and my little pochette with the brown monogrammed cover accompany me throughout the whole world.

Das im Oktober 2005 eröffnete Flaggschiff von Louis Vuitton direkt an den Champs-Élysées ist eine echte Boutique de luxe, die die Architekten Peter Marino und Eric Carlson unter das Motto „La Promenade" (der Spaziergang) gestellt haben. Moderne Kunst – unter anderem von Olafur Eliasson und James Turrell – bildet den edlen Rahmen für die noch edlere Mode samt Accessoires. Ein Louis-Vuitton-Stück wird man garantiert nie leid, das Design ist zeitlos, die Verarbeitung ist einfach fantastisch. Meine Kulturtasche und meine kleine Pochette mit dem braunen Monogrammbezug begleiten mich durch die ganze Welt.

C'est en octobre 2005 qu'a eu lieu la réouverture du magasin des Champs-Élysées, véritable boutique de luxe conçue par les architectes Peter Marino et Eric Carlson et baptisée « La Promenade ». L'art moderne – avec la participation, entre autres, d'Olafur Eliasson et James Turrell – constitue un cadre de luxe pour une mode et des accessoires encore plus luxueux. Une chose est sûre, on ne se lasse jamais d'un article de Louis Vuitton, le design est intemporel et les finitions fantastiques. Ma trousse de toilette et ma petite pochette au monogramme marron m'accompagnent dans le monde entier.

Open: Mon–Sat 10 am–8 pm, Sun 11 am–8 pm.
X-Factor: The largest Louis Vuitton boutique in the world.
More: The range in the new Louis Vuitton flagship store is unbeatable, as is the light and sound design by artists such as Olafur Eliasson.

Öffnungszeiten: Mo–Sa 10–20 Uhr, So 11–20 Uhr.
X-Faktor: Die größte Louis-Vuitton-Boutique der Welt.
Außerdem: Das Sortiment im neuen LV-Flag-Ship-Store ist unschlagbar – ebenso wie das Licht- und Sound-Design von Künstlern wie Olafur Eliasson.

Horaires d'ouverture : Lun–Sam 10h–20h, Dim 11h–20h.
Le « petit plus » : La plus grande boutique Louis Vuitton du monde.
Et aussi : Le stock du nouveau magasin Louis Vuitton est imbattable, tout comme d'ailleurs le son et lumière d'artistes tel que Olafur Eliasson.

LOUIS VUITTON
LV

La Maison Guerlain

68, Avenue des Champs-Élysées, 75008 Paris
☏ +33 1 45 62 52 57
www.guerlain.com
Métro: George V/Franklin-D. Roosevelt

Andrée Putman and Maxime d'Angeac have created a wellness wonderland over three floors and 600 square metres out of the historical parent house on the Champs-Élysées, which was opened here in 1914. The new Maison Guerlain celebrates beauty in the midst of gold, gloss and glamour. You should call in at least once to test the bestsellers, such as "L'Heure Bleue", "Mitsouko" and "Shalimar", sold in elegant bottles (most of them by Baccarat). Did you know that Guerlain's ingredients are up to 80 per cent natural? Imagine that, in a day and age when nearly all new fragrances are almost purely chemical. My favourite perfume from Guerlain is "Chamade".

Open: Mon–Sat 10:30 am–8 pm,
Sun midday pm–8 pm.
X-Factor: The "Guerlain Impérial" treatment in the new day spa.
More: All the perfumes in Guerlain's history are available here, including such rarities as "Liu" or "Vega".

Aus dem historischen Stammhaus an den Champs-Élysées, das hier 1914 eröffnet wurde, haben Andrée Putman und Maxime d'Angeac ein Wellnesswunderland auf drei Etagen und 600 Quadratmetern geschaffen. Die neue Maison Guerlain zelebriert die Schönheit inmitten von Gold, Glanz und Glamour – hier sollte man mindestens einmal vorbeischauen und an Bestsellern wie „L'Heure Bleue", „Mitsouko" und „Shalimar" schnuppern, die in edlen Flaschen angeboten werden (zum Großteil von Baccarat). Wussten Sie, dass die Inhaltsstoffe bei Guerlain zu 80 Prozent natürlich sind? Und das in einer Zeit, in der die meisten neuen Düfte fast nur noch aus Chemie bestehen. Mein Lieblingsparfum von Guerlain ist „Chamade".

Öffnungszeiten: Mo–Sa 10.30–20 Uhr,
So 12–20 Uhr.
X-Faktor: Die „Guerlain Impérial"-Behandlungen im neuen Day Spa.
Außerdem: Hier findet man alle Parfums der Guerlain-Geschichte – selbst Raritäten wie „Liu" oder „Vega".

Andrée Putman et Maxime d'Angeac ont transformé le bâtiment historique ouvert en 1914 en un espace magique d'une surface de 600 mètres carrés répartie sur trois étages consacrés aux soins du corps. La nouvelle Maison Guerlain célèbre la beauté dans l'or, l'éclat et le glamour. Il est impératif de s'y rendre au moins une fois pour s'enivrer des fragrances « bestsellers » comme « L'Heure Bleue », « Mitsouko » et « Shalimar », offertes dans de luxueux flacons (en grande partie créés par Baccarat). Savez-vous que les parfums de chez Guerlain sont à 80 pour cent d'essences naturelles ? Et ce, à une époque où de plus en plus de produits chimiques entrent dans la composition de la plupart des nouveaux parfums. Mon parfum préféré de chez Guerlain est « Chamade ».

Horaires d'ouverture : Lun–Sam 10h30–20h, Dim 12h–20h.
Le « petit plus » : Les soins « Guerlain Impérial » dans le nouveau Day Spa.
Et aussi : On trouve ici tous les parfums de Guerlain, même les plus rares comme « Liu » ou « Vega ».

La Maison du Chocolat

52, rue François 1er, 75008 Paris
☏ +33 1 47 23 38 25
www.lamaisonduchocolat.com
Métro: George V

The Maison du Chocolat was founded in 1977 by Robert Linxe in Paris and now boasts five shops in the city. In addition to these, there are branches in London, New York and Tokyo. Tasting hand-made chocolate or cocoa beans can be compared to wine-tasting and so the company offers "Le Parcours Initiatique" for the curious, a basic course in chocolate lore to cultivate the taste buds and the senses.

1977 von Robert Linxe in Paris gegründet, ist die Maison du Chocolat inzwischen bereits mit fünf Läden in der Stadt vertreten – zudem gibt es Filialen in London, New York und Tokio. Das Verkosten handgemachter Schokolade oder der Kakaobohne kann man mit der Degustation von Wein vergleichen. Für alle Neugierigen bietet das Unternehmen deshalb „Le Parcours Initiatique" an, einen Grundkurs in Schokoladenkunde, bei dem Geschmacksknospen und -sinne kultiviert werden.

Fondée à Paris en 1977 par Robert Linxe, la Maison du Chocolat est désormais représentée dans cinq endroits de la ville et compte des filiales à Londres, New York et Tokyo. La dégustation du chocolat maison ou d'une fève de cacao peut se comparer à celle d'un bon vin. Pour tous les amateurs, l'entreprise propose donc « Le Parcours Initiatique », un cours élémentaire en matière de chocolat, où l'on apprend à cultiver ses papilles et ses autres sens.

Open: Mon–Sat 10 am–7:30 pm, Sun 10 am–1 pm.
X-Factor: The chocolate tastings.
More: The hand-made truffles are always worth sinning for, the little gems shown in the display window are also hard to resist.

Öffnungszeiten: Mo–Sa 10–19.30 Uhr, So. 10–13 Uhr.
X-Faktor: Die Schokoladen-Degustationen.
Außerdem: Die handgemachten Trüffel sind immer eine Sünde wert, und auch die Schaufensterdekoration ist zum Anbeißen.

Horaires d'ouverture : Lun–Sam 10h–19h30 , Dim 10h–13h.
Le « petit plus » : Les dégustations de chocolat.
Et aussi : On pourrait se damner pour une seule de ces truffes maison. L'eau vient à la bouche rien qu'en regardant les vitrines.

LA MAISON DU CHOCOLAT
LA MAISON DU CHOCOLAT
LA MAISON DU CHOCOLAT
Othello
Yoko

La Maison de Baccarat

11, Place des États-Unis, 75116 Paris
☏ +33 1 40 22 11 22
www.baccarat.fr
Métro: Boissière/Kléber

Baccarat took its name from the village Baccarat in Lorraine, where the first glassworks was founded in 1764. It is the symbol worldwide of French crystal. For several years now, the Maison de Baccarat has been housed in a former private mansion where Marie-Laure de Noailles used to hold a salon dedicated to artists, writers and musicians. Philippe Starck transformed the new home into an extravagant setting for the sparkling crystal world. A display that should not be missed.

Baccarat, das seinen Namen vom lothringischen Dorf Baccarat bekam, in dem 1764 die erste Glasmanufaktur eröffnet wurde, ist weltweit das Symbol für französische Kristallwaren. Seit einigen Jahren residiert die Maison de Baccarat in einem ehemaligen Privatpalais, in dem Marie-Laure de Noailles einst zu künstlerischen Salons einlud. Philippe Starck hat das Anwesen in eine theatralische Bühne für eine funkelnde Kristallwelt verwandelt. Eine Inszenierung, die man gesehen haben sollte.

Symbolisant l'art de vivre à la française dans le monde entier depuis 250 ans, Baccarat doit son nom au village de Lorraine où fut fondée la manufacture en 1764. Depuis 2003, la Maison Baccarat est installée dans l'ancien hôtel particulier de Marie-Laure de Noailles où la célèbre muse et mécène des artistes de son temps y tenait ses salons artistiques et fêtes somptueuses. Philippe Starck a métamorphosé la demeure en un écrin prestigieux pour un monde de cristal étincelant. Une mise en scène à découvrir absolument.

Open: Mon–Sat 10:30 am–8 pm.
X-Factor: A complete work of art composed of museum, boutique and restaurant.
More: Marie-Laure de Noailles used to hold her artistic salons in this villa where Baccarat today directs its empire.

Öffnungszeiten: Mo–Sa 10.30–20 Uhr.
X-Faktor: Ein Gesamtkunstwerk aus Museum, Boutique und Restaurant.
Außerdem: In dieser Villa lud Marie-Laure de Noailles früher zu künstlerischen Salons – heute leitet Baccarat von hier sein Imperium.

Horaires d'ouverture : Lun–Sam 10h30–20h.
Le « petit plus » : Une œuvre d'art totale composée d'un musée, d'une boutique et d'un restaurant.
Et aussi : Marie-Laure de Noailles tenait son salon artistique dans cette maison. Aujourd'hui, Baccarat y dirige son empire.

Baccarat

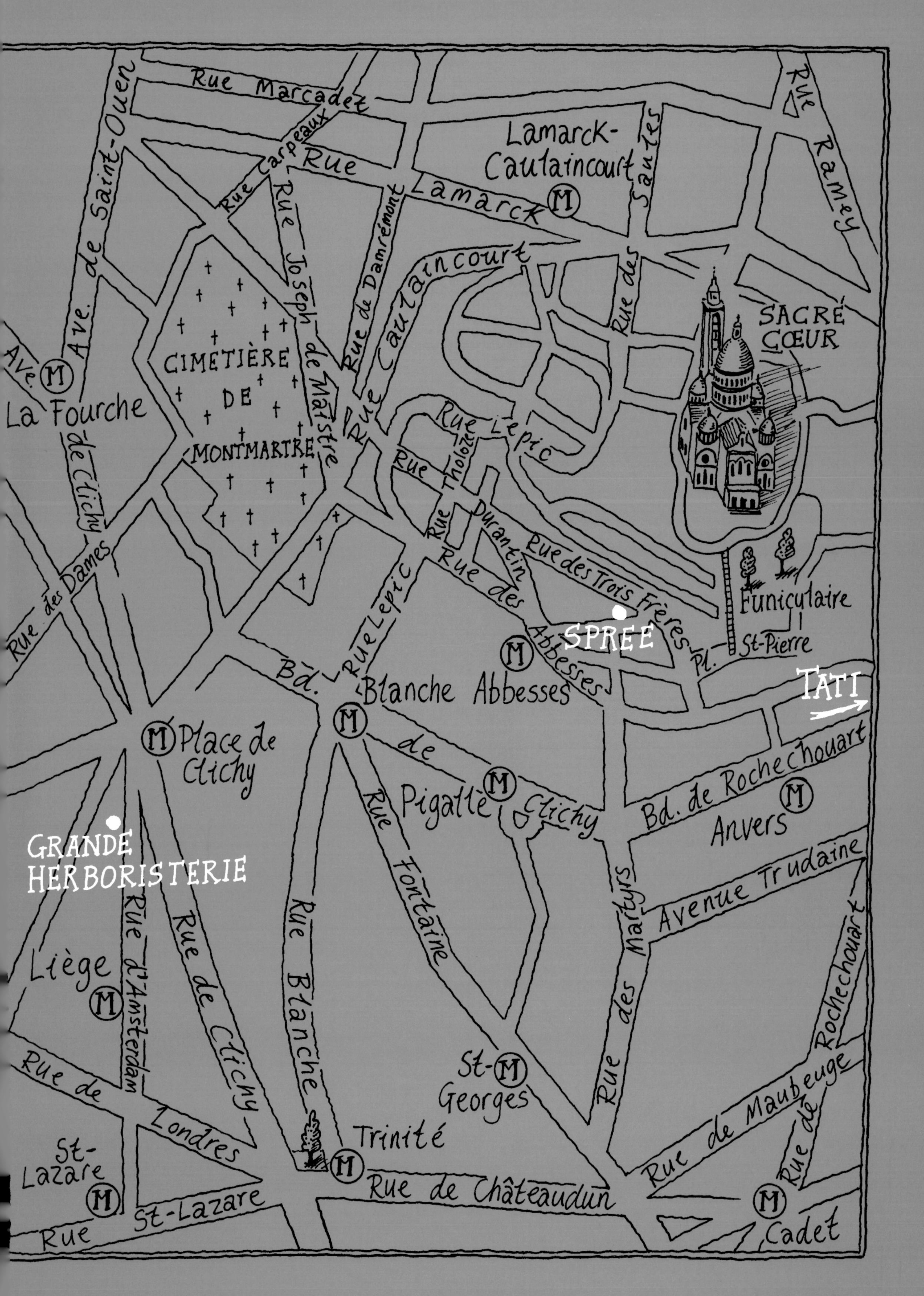
Rue Marcadet
Ave. de Saint-Ouen
Rue Carpeaux
Rue Lamarck
Lamarck-Caulaincourt
Rue des Saules
Rue Ramey
Rue Joseph de Maistre
Rue de Damrémont
Rue Caulaincourt
CIMETIÈRE DE MONTMARTRE
Ave.
La Fourche
Ave. de Clichy
SACRÉ CŒUR
Rue Lepic
Rue Tholozé
Rue Durantin
Rue des Trois Frères
Rue des Dames
Rue Lepic
Rue des Abbesses
Funiculaire
SPREE
Pl. St-Pierre
TATI
Bd. de Clichy
Blanche
Abbesses
Place de Clichy
Pigalle
Bd. de Rochechouart
Anvers
GRANDE HERBORISTERIE
Rue Fontaine
Avenue Trudaine
Rue des Martyrs
Rue Blanche
Rue d'Amsterdam
Rue de Clichy
Liège
Rue de Rochechouart
Rue de Londres
St-Georges
Rue de Maubeuge
Trinité
St-Lazare
Rue de Châteaudun
Rue St-Lazare
Cadet

Grande Herboristerie Parisienne de la Place Clichy

87, rue d'Amsterdam, 75008 Paris
☏ +33 1 48 74 83 32
Métro: Place de Clichy/Liège

The smell of countless herbs could almost make you imagine you were on a freshly mown meadow instead of in the concrete jungle of Paris. The shop stocks more than 900 herbs, as well as cleverly composed mixtures and elixirs. It doesn't matter if you are suffering from a cold, sleeplessness or the jimjams, you'll find the right remedy here, sometimes even individually prepared.

Dank des Geruchs nach ungezählten Kräutern wähnt man sich hier eher auf einer frisch gemähten Wiese denn im Großstadtdschungel von Paris. Das Geschäft führt mehr als 900 Kräuter sowie gut zusammengestellte Mischungen und Elixiere. Egal, ob man an Schnupfen, Schlaflosigkeit oder Nervosität leidet – hier gibt es das passende Mittel; auch individuell gemischt.

Grâce à l'odeur des plantes, on a ici plus l'impression de se trouver dans une prairie, dont l'herbe aurait été fraîchement coupée, que dans la jungle de la grande ville. Le magasin propose plus de 900 plantes ainsi que des mélanges et des élixirs. Que l'on souffre d'un rhume, d'insomnie ou de nervosité, on trouvera ici le remède qui convient, même si on doit le préparer tout spécialement pour vous.

Open: Mon–Sat 10 am–1 pm and 2 pm–7 pm (Mon from 11 am, Sat until 6 pm)
X-Factor: Excellent "infusions" (soothing herbal teas).
More: At the counter you can choose from more than 900 herbs and can have remedies individually prepared.

Öffnungszeiten: Mo–Sa 10–13 Uhr und 14–19 Uhr (Mo ab 11 Uhr, Sa bis 18 Uhr)
X-Faktor: Sehr gute „infusions" (Kräutertees).
Außerdem: Am Tresen kann man aus mehr als 900 heilenden Kräutertees wählen und sich Medizin individuell zusammenstellen lassen.

Horaires d'ouverture : Lun–Sam 10h–13h et 14h–19h (Lun à partir de 11h, Sam jusqu'à 18h)
Le « petit plus » : Très bonnes infusions.
Et aussi : Un choix de plus de 900 plantes vous est proposé, des mélanges individuels sont préparés.

87 · HERBORISTERIE DE LA PLACE CLICHY · 87
HERBORISTERIE
Depuis 1880
Tisanes. Préparations. Conseils.

Spree

16, rue La Vieuville, 75018 Paris
☏ +33 1 42 23 41 40
www.spree.fr
Métro: Abbesses

An unusual boutique with a good mixture of those young fashion designers held in high regard by the two proprietors themselves. On the shelves you can find designs by Eley Kishimoto as well as Comme des Garçons. Unusual furniture and objects complete the assortment. As far as I know, this is the only shop in Paris where you can buy ballerina shoes by Porselli. Opposite, at 11, rue La Vieuville, you will find Galerie Spree.

Eine außergewöhnliche Boutique mit einer guten Mischung an jungen Modedesignern, die die beiden Besitzer selbst schätzen. In den Regalen findet man Entwürfe von Eley Kishimoto bis Comme des Garçons. Außergewöhnliche Möbel und Objekte machen die Auswahl komplett. Meines Wissens nach ist dies der einzige Laden in Paris, in dem man Ballerinas von Porselli bekommt. Schräg gegenüber, in der 11, rue La Vieuville, befindet sich die Galerie Spree.

Une boutique inédite proposant un bon choix de jeunes stylistes que les deux propriétaires prisent particulièrement. Sur les étagères on trouvera ainsi des créations d'Eley Kishimoto ou de Comme des Garçons par exemple. Les meubles et les objets extraordinaires complètent le tout. Autant que je sache, c'est le seul magasin à Paris où on trouve des ballerines de Porselli.

Open: Tue–Sat 11 am–7:30 pm.
X-Factor: Reasonable prices for unusual furniture.
More: Even Hollywood stars like Kirsten Dunst love the second-hand atmosphere of the fashion and furniture salesrooms.

Öffnungszeiten: Di–Sa 11–19.30 Uhr.
X-Faktor: Annehmbare Preise für außergewöhnliche Modelle.
Außerdem: Die Secondhand-Atmosphäre, in der Mode und Möbel verkauft werden, lieben auch Hollywoodstars wie Kirsten Dunst.

Horaires d'ouverture : Mar–Sam 11h–19h30.
Le « petit plus » : Prix acceptables pour des modèles exceptionnels.
Et aussi : Les stars d'Hollywood comme Kirsten Dunst aiment aussi cette atmosphère de « seconde main » qui entoure la vente de la mode et des meubles.

TATI

4, Boulevard de Rochechouart, 75018 Paris
☏ +33 1 55 29 50 00
www.tati.fr
Métro: Barbès Rochechouart

TATI's is a concept store in its own way. The cheapest department store in Paris has been around for more than 50 years. The pink and white checked pattern with the dark blue word "TATI" can be recognized from afar (nearly everyone in the African quarter carries a plastic bag with the logo). The entrance to TATI's bridal department is at rue Belhomme No. 5, and it is a pleasure to watch the women choosing their wedding dresses (which usually make you think of meringues and candy floss). Don't forget the "sweet souvenirs" from TATI's confectionery shop, packed in pink and white bags, of course.

Auf seine Art ist das TATI auch ein Concept-Store. Das billigste Kaufhaus in Paris gibt es seit mehr als 50 Jahren – das rosa-weiß karierte Muster mit dem dunkelblauen Wort „TATI" erkennt man von Weitem (fast jeder im afrikanischen Viertel trägt eine Tüte mit diesem Logo). In der rue Belhomme Nummer 5 liegt der Eingang zum Brautgeschäft von TATI, dort ist es ein Vergnügen, den Frauen bei der Wahl ihrer Hochzeitskleider (die meist an Baisers und Zuckerwatte erinnern) zu bewundern. Und „sweet souvenirs" gibt es im Süßwarenladen von TATI – natürlich in rosa-weiße Tütchen verpackt.

À sa manière, TATI est lui aussi un « concept store ». Le grand magasin le moins cher de Paris existe depuis plus de cinquante ans et on reconnaît de loin son damier rose et blanc sur lequel est inscrit en bleu le mot « TATI » (presque tout le monde porte un sac de cette marque dans le quartier africain). L'entrée du TATI mariage se trouve au 5, rue Belhomme et c'est un plaisir de voir de jolies femmes essayer leur robe de mariée qui, bien souvent, évoque une meringue ou une barbe à papa. Les « sweet souvenirs » sont vendus pour leur part au rayon confiserie dans des sachets roses et blancs, bien sûr.

Open: Mon–Fri 10 am–7 pm, Sat 9:30 am–7 pm
X-Factor: The pink-and-white checked carrier bags.
More: The best of all places to rummage around in. TATI has attracted bargain hunters for more than 50 years and even has a special department for wedding dresses.

Öffnungszeiten: Mo–Fr 10–19 Uhr, Sa 9.30–19 Uhr
X-Faktor: Die rosa-weiß karierten Tüten.
Außerdem: Nirgendwo sonst ist Stöbern schöner: Das TATI zieht Schnäppchenjäger seit mehr als 50 Jahren an und hat sogar eine extra Abteilung für Brautkleider.

Horaires d'ouverture : Lun–Ven 10h–19h, Sam 9h30–19h
Le « petit plus » : Les sacs à carreaux rose et blanc.
Et aussi : Nulle part ailleurs on éprouve autant de plaisir à fouiller dans les étals : TATI attire les clients en quête de bonnes affaires depuis plus de 50 ans et possède même un rayon spécial pour les robes de mariée.

TATI
LES PLUS
BOUTIQUE
MARIAGE
TATI
BOUTI
MARIAGE
TATI
TATI

Étienne Marcel
Rue de
Arts-et Métiers
Les Halles
FORUM DES HALLES
Boulevard de Sébastopol
Rue Saint-Martin
Rue Beaubourg
Rue du Renard
Rambuteau
Rue Rambuteau
Rue du Temple
Rue des
Rue des Halles
AUROUZE
Rue
Rue de Rivoli
Châtelet
Hôtel de Ville
AZZEDINE ALAÏA
R. de Moussy
R. du Bourg Tibourg
Rue
Quai de Gesvres
Quai de l'Hôtel de Ville
SEINE
Bd. du Palais
ÎLE DE LA CITÉ
Cathédrale Notre-Dame
ÎLE ST-LOUIS

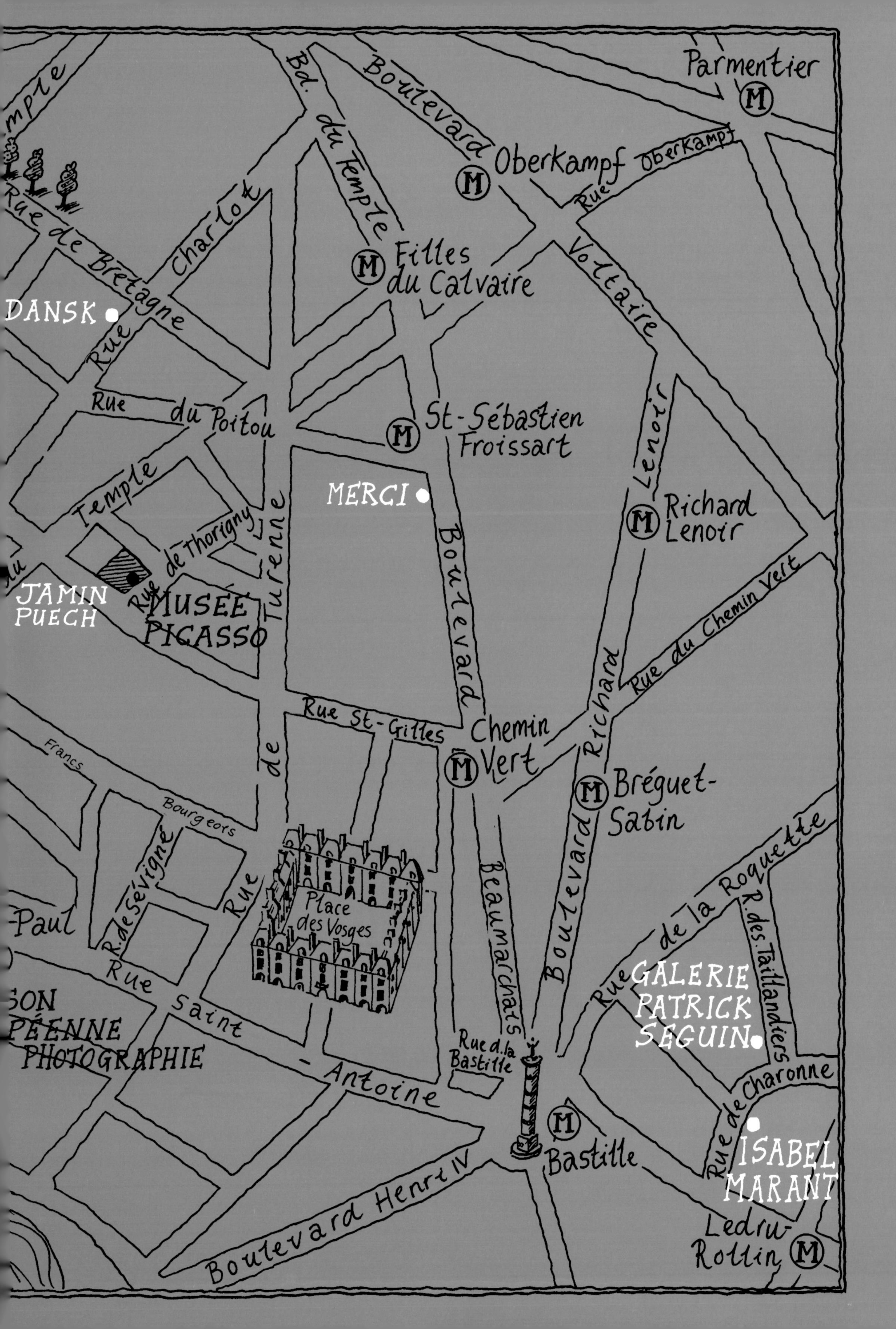

Parmentier
Boulevard
Bd. du Temple
Oberkampf
Rue Oberkampf
Rue de Bretagne
Charlot
Filles du Calvaire
Voltaire
DANSK
Rue du Poitou
St-Sébastien Froissart
Lenoir
MERCI
Temple
Richard Lenoir
Rue de Thorigny
Boulevard
Rue du Chemin Vert
JAMIN PUECH
MUSÉE PICASSO
Rue de Turenne
Boulevard Richard
Rue St-Gilles
Chemin Vert
Francs Bourgeois
Bréguet-Sabin
R. de Sévigné
Place des Vosges
Beaumarchais
Boulevard
Rue de la Roquette
R. des Taillandiers
-Paul
GALERIE PATRICK SEGUIN
Rue Saint-Antoine
Rue d. la Bastille
PHOTOGRAPHIE
Rue de Charonne
Bastille
ISABEL MARANT
Boulevard Henri IV
Ledru-Rollin

Galerie Dansk

31, rue Charlot, 75003 Paris
☏ +33 1 42 71 45 95
www.galeriedansk.com
Métro: Temple

The shop bears testimony to the good taste of its Danish-French owners, Merete and Jean-Loup Basset, and sells Danish furniture dating from the 1950s to the 1970s. For example, the Gryden armchair designed by Arne Jacobsen in 1954 for the SAS Hotel in Copenhagen and well-known objects by Alvar Aalto, Verner Panton and Svend Middelboe.

Die kompetenten dänisch-französischen Besitzer Merete und Jean-Loup Basset zeigen hier ihren guten Geschmack und verkaufen dänische Möbel aus den 1950ern bis 1970ern. Zum Beispiel den Sessel „Gryden", den Arne Jacobsen 1954 für das SAS Hotel in Kopenhagen entwarf, aber auch bekannte Objekte von Alvar Aalto, Verner Panton und Svend Middelboe.

Les propriétaires franco-danois Merete et Jean-Loup Basset, experts en la matière, font ici la preuve de leur bon goût. Ils vendent des meubles danois des années 1950 à 1970, par exemple le fauteuil « Gryden », créé en 1954 par Arne Jacobsen pour l'hôtel SAS de Copenhague, mais aussi des objets connus d'Alvar Aalto, Verner Panton et Svend Middelboe.

Open: Tues–Sat 2 pm–7 pm
X-Factor: The design exhibition.
More: A French-Danish couple has very tastefully arranged designer furniture from the 1950s to 1970s – by designers ranging from Arne Jacobsen to Verner Panton.

Öffnungszeiten: Di–Sa 14–19 Uhr
X-Faktor: Die Designausstellungen.
Außerdem: Ein französisch-dänisches Paar stellt Designermöbel aus den 1950ern bis 1970ern mit viel Geschmack zusammen – von Arne Jacobsen bis zu Verner Panton.

Horaires d'ouverture : Mar–Sam 14h–19h
Le « petit plus » : Les expositions de design.
Et aussi : Un couple franco-danois réunit avec beaucoup de goût des meubles design des années 1950 aux années 1970, d'Arne Jacobsen à Verner Panton.

Isabel Marant

16, rue de Charonne, 75011 Paris
☏ +33 1 49 29 71 55
www.isabelmarant.com
Métro: Bastille/Ledru-Rollin

The French designer has made a name for herself in a market niche and creates garments with an ethnic touch that work well in an elegant and glamorous city like Paris. She has three further boutiques in rue Jacob in the 6th Arrondissement, in rue Saintonge in the 3rd Arrondissement and in avenue Victor Hugo in the 16th Arrondissement.

Die französische Designerin hat sich in einer Marktnische etabliert und macht Kleidung mit einem Ethno-Touch, die sich gut in einer eleganten und glamourösen Großstadt wie Paris tragen lässt. Sie besitzt drei weitere Boutiquen in der rue Jacob im 6. Arrondissement, in der rue Saintonge im 3. Arrondissement und in der avenue Victor Hugo im 16. Arrondissement.

La styliste française a trouvé son créneau et réalise des vêtements d'esprit ethnique mélangeant les belles matières naturelles et qui se laissent porter facilement dans une ville aussi élégante et glamour que Paris. Elle possède trois autres boutiques : rue Jacob, dans le 6e arrondissement, rue Saintonge, dans le 3e, et avenue Victor Hugo, dans le 16e arrondissement.

Open: Mon 11 am–7 pm, Tue–Sat 10:30 am–7:30 pm.
X-Factor: The Étoile line and the children's line which have enlarged the portfolio since 2004.
More: Isabel Marant has been awarded a prize for best designer in France for her very wearable designs with an ethnic touch.

Öffnungszeiten: Mo 11–19 Uhr , Di–Sa 10.30–19.30 Uhr.
X-Faktor: Die Linie Étoile und die Kinderlinie, die das Portfolio seit 2004 erweitern.
Außerdem: Isabel Marant wurde schon als beste Designerin Frankreichs ausgezeichnet – für ihre immer tragbaren Modelle mit Ethno-Touch.

Horaires d'ouverture : Lun 11h–19h, Mar–Sam 10h30–19.30h.
Le « petit plus » : La ligne Étoile et la ligne enfants enrichissent depuis 2004 la collection.
Et aussi : Isabel Marant a déjà été nommée meilleure styliste de France pour ses modèles toujours portables avec leur touche ethno.

RUE
DE CHARONNE
ISABEL MARANT
CHEZ

CHASSE
16
22
GRELOTS
21
17
FLAN ALU
21
FLANS
30
10
18
GRELOTS
MARINES
FLANS
FLANS
18
16
CHASSE
15
10
FLANS
MASSIE
MODE
FLANS
23
18

Merci

111, Boulevard Beaumarchais, 75003 Paris
☏ +33 1 42 77 00 33
www.merci-merci.com
Métro: Saint-Sébastien Froissart

A good alternative to Colette: Merci is a spacious store with an extensive range of clothing and accessories by designers and craft businesses that are otherwise difficult to source. From perfume to bed linen and kitchen utensils, the emphasis here is on original design that is also easy on the eye. The constant stream of strolling shoppers is serviced by two in-house cafés and a small restaurant offering enticingly good coffee and refreshing salads. If your purchases exceed your baggage limit (e.g. buying kitchen-ware), it's easy to arrange for items to be sent to your home address. *Merci* very much!

Open: Mon–Sat 10 am–7 pm.
X-Factor: Arts and crafts from various developing countries are on display all year round.
More: The rows of stacked shelves in the Used Book Café are conducive to hours of leisurely browsing.

Eine gute Alternative zu Colette: Im weitläufigen Mischmaschkaufhaus Merci gibt es Kleidung und Accessoires von Designern und Handwerksbetrieben, denen man sonst nicht so leicht begegnen würde. Von Parfums bis hin zu Bettwäsche und Küchenutensilien wird hier vor allem Originelles beschafft, das in jedem Fall hübsch anzusehen ist. Das rastlose Schlendern der Jäger und Sammler wird in zwei hauseigenen Cafés und einem kleinen Restaurant aufgefangen, die mit gutem Kaffee und erfrischenden Salaten glänzen. Wer beim Einkaufen sein Kofferlimit überschritten hat (zum Beispiel beim Küchenzubehör!), kann sich die Waren bequem an die Heimatadresse liefern lassen. Merci vielmals!

Öffnungszeiten: Mo–Sa 10–19 Uhr.
X-Faktor: Zu jeder Saison wird Kunsthandwerkliches aus wechselnden Entwicklungsländern präsentiert.
Außerdem: Im Used Book Café laden lange Regale zum stundenlangen Herumlesen ein.

Une bonne alternative à « Colette » : dans le vaste magasin fourre-tout Merci, on trouve des vêtements et objets de designers et d'entreprises artisanales difficiles à trouver sinon. Des parfums au linge de lit et aux ustensiles de cuisine, on se procure ici avant tout de l'original toujours agréable à l'œil. Les flâneries inlassables des chasseurs et collectionneurs aboutissent dans deux cafés maison et un petit restaurant qui brillent par leur excellent café et leurs salades rafraîchissantes. Et tous ceux dont les achats ne rentrent plus dans la valise (notamment les ustensiles de cuisine !) peuvent bénéficier d'un service de livraison à domicile très pratique. Un grand merci !

Horaires d'ouverture : Lun–Sam 10h–19h.
Le « petit plus » : À chaque saison, l'artisanat d'art d'un pays en voie de développement différent est présenté.
Et aussi : Dans le Used Book Café, de longues étagères de livres invitent à lire et feuilleter pendant des heures.

BON

Galerie Patrick Seguin

5, rue des Taillandiers, 75011 Paris
☏ +33 1 47 00 32 35
www.patrickseguin.com
Métro: Bastille/Ledru-Rollin

Recommended to anyone who likes modern French design – the gallery is devoted to 20th-century French furniture and architecture. It has French classics by Jean Prouvé, Charlotte Perriand, Le Corbusier, Pierre Jeanneret and Jean Royère on exhibition. Museum-like in style.

Ein guter Tipp für alle, die modernes französisches Design lieben, denn diese Galerie hat sich den Möbeln und der Architektur des 20. Jahrhunderts verschrieben. Sie zeigt französische Klassiker von Jean Prouvé, Charlotte Perriand, Le Corbusier, Pierre Jeanneret und Jean Royère. Fast wie ein Museum.

Un bon tuyau pour tous ceux qui aiment le design moderne français, car cette galerie est vouée aux meubles et à l'architecture du 20e siècle. Elle expose des classiques français de Jean Prouvé, Charlotte Perriand, Le Corbusier, Pierre Jeanneret et Jean Royère. Un musée ne pourrait faire mieux.

Open: Mon–Sat 9 am–7 pm.
X-Factor: Many of the classics of modern French furniture design are assembled here on one spot.
More: The gallery regularly organises exhibitions on various designers and architects.

Öffnungszeiten: Mo–Sa 9–19 Uhr.
X-Faktor: Viele Klassiker des modernen französischen Möbeldesigns sind hier an einem Ort vereint.
Außerdem: Die Galerie veranstaltet regelmäßig Ausstellungen zu verschiedenen Designern und Architekten.

Horaires d'ouverture : Lun–Sam 9h–19h.
Le « petit plus » : Nombreux classiques de meubles design modernes français réunis.
Et aussi : La galerie organise régulièrement des expositions présentant divers designers et architectes.

Jamin Puech

68, rue Vieille du Temple, 75003 Paris
☏ +33 1 48 87 84 87
www.jamin-puech.com
Métro: St-Paul

Benoît Jamin and Isabelle Puech have been famous for their handbags since the beginning of the 1990s – they sell their most beautiful models here in Paris (there are two further boutiques in the 6th Arrondissement at 43, rue Madame and in the 10th Arrondissement at 61, rue d'Hauteville). Anyone tired of the typical designer handbags will find individual Baroque-inspired creations here. Hippy-look Jamin-Puech bags go with jeans, glamorous models are perfect for evening dress. The collection also includes purses.

Seit Anfang der 1990er sind Benoît Jamin und Isabelle Puech für ihre Handtaschen berühmt – die schönsten Modelle verkaufen sie hier in Paris (zwei weitere Boutiquen befinden sich im 6. Arrondissement in der 43, rue Madame und im 10. Arrondissement in der 61, rue d'Hauteville). Wer keine Lust mehr auf die üblichen Designertaschen hat, findet hier individuelle, barock inspirierte Kreationen. Im Hippielook passen die Jamin-Puech-Taschen zur Jeans, im Glamourlook zur großen Abendrobe. Ebenfalls im Sortiment: Portemonnaies.

Benoît Jamin et Isabelle Puech sont célèbres depuis le début des années 1990 pour leurs sacs à main, dont les plus beaux modèles sont vendus à Paris (deux autres boutiques se trouvent au 43, rue Madame dans le 6e et au 61, rue d'Hauteville dans le 10e). Celui qui est fatigué des sacs de designer trouve ici des créations originales d'inspiration baroque. Les sacs au look hippie vont avec des jeans, les sacs glamour avec les robes du soir. Évidemment, on trouve ici aussi des porte-monnaie.

Open: Mon midday–7 pm, Tue-Fri 11:30 am–7:30 pm, Sat 11 am–7 pm.
X-Factor: There are more than 100 new designs each year.
More: Benoît Jamin and Isabelle Puech produce the quirkiest bags in the city and even Karl Lagerfeld has shopped here.

Öffnungszeiten: Mo 12–19 Uhr, Di–Fr 11.30–19.30 Uhr, Sa 11–19 Uhr.
X-Faktor: Pro Jahr gibt es mehr als 100 neue Designs.
Außerdem: Benoît Jamin und Isabelle Puech stellen die schrägsten Taschen der Stadt her – selbst Karl Lagerfeld war bei ihnen schon Kunde.

Horaires d'ouverture : Lun 12h–19h, Mar–Ven 11h30–19h30, Sam 11h–19h.
Le « petit plus » : Plus d'une centaine de nouvelles créations par an.
Et aussi : Benoît Jamin et Isabelle Puech proposent les sacs les plus fous de la ville. Même Karl Lagerfeld est l'un de leurs clients.

68
68
RUE
VIEILLE
DU TEMPLE

Mariage Frères

30–35, rue du Bourg-Tibourg, 75004 Paris
☏ +33 1 42 72 28 11
www.mariagefreres.com
Métro: Hôtel de Ville

Nowhere in Paris – or anywhere, for that matter – is the selection of the finest tea better than here. The cakes and salads served with them are also excellent. The shop is even open on Sundays and sells superb scented candles with a hint of tea aroma – my favourite is the "Thé des Mandarins". Much as I like this shop, I prefer the Mariage Frères tea salon in the 6th Arrondissement (13, rue des Grands-Augustins).

Besseren Tee in einer größeren Auswahl kann man nicht nur in Paris nicht bekommen, und auch die Kuchen und Salate, die dazu serviert werden, sind sehr gut. Das Geschäft ist sogar am Sonntag geöffnet und verkauft herrliche Duftkerzen mit Teenoten – mein Favorit ist das Aroma „Thé des Mandarins". Noch lieber gehe ich allerdings in den Mariage Frères Teesalon im 6. Arrondissement (13, rue des Grands-Augustins).

Non seulement il est impossible de trouver à Paris un choix plus vaste des meilleurs thés du monde, mais les pâtisseries et les salades servises en accompagnement sont elles aussi délicieuses. La boutique, ouverte le dimanche, vend de sublimes bougies parfumées au thé – l'arôme « Thé des Mandarins » est mon favori. Mais ce que je préfère c'est aller au salon de thé de la rive gauche, 13, rue des Grands-Augustins, dans le 6e.

Open: Daily 10:30 am– 7:30 pm
X-Factor: The tea classic "Earl Grey Impérial".
More: The Mariage family has been one of the tea dynasties in France for 300 years and in 1860 even invented the first tea-chocolate.

Öffnungszeiten: Täglich 10.30–19.30 Uhr
X-Faktor: Der Teeklassiker „Earl Grey Impérial".
Außerdem: Seit 300 Jahren gehört die Familie Mariage zu den Teedynastien Frankreichs, 1860 erfand sie sogar die erste Teeschokolade.

Horaires d'ouverture : Tous les jours 10h30–19h30
Le « petit plus » : Le classique « Earl Grey Impérial ».
Et aussi : Mariage Frères fait partie des dynasties du thé depuis trois siècles. En 1860, la maison inventa même le premier chocolat au thé.

ЧАЙ
TEE
THE
GOLD HIMALAYA
1619
1854
MARIAGE
ЧАЙ
MARIAGE FRÈRES

MAISON DE THÉ
MARIAGE
FRÈRES
Ouvert tous les jours
MUSÉE DU THÉ : de 10h30 à 19h30
COMPTOIR DE THÉ : de 10h30 à 19h30
SALON DE THÉ : de 12h00 à 19h00

2006
PREMIÈRE MONDIALE
PAR AVION
MARIAGE FRÈRES
Paris
MÉTISSAGE ANGLAIS

Azzedine Alaïa

7, rue de Moussy, 75004 Paris
☎ +33 1 42 72 19 19
Métro: Hôtel de Ville

The only visible outer sign of the shop's existence is a small bell. Its interior is a large loft, designed by the American artist Julian Schnabel. This is where Tunisian-born Azzedine Alaïa presents his latest creations. He found fame in the 1980s when stars such as Naomi Campbell and Madonna started wearing his figure-hugging creations. He has remained true to himself and his style to the present day. His small hotel is located next door: with three large, individual apartments furnished with items from his exclusive furniture collection. A delight for all aesthetes.

Kein Schaufenster, nur eine kleine Klingel weist auf den Laden. Man betritt ein großes Loft, das der amerikanische Künstler Julian Schnabel gestaltet hat und wo der gebürtige Tunesier Azzedine Alaïa seine neuesten Kreationen präsentiert. Berühmt wurde er in den 1980er-Jahren, als Stars wie Naomi Campbell oder Madonna seine körperbetonten Kreationen trugen. Bis heute bleibt er sich und seinem Stil treu. Gleich nebenan ist sein kleines Hotel untergebracht: mit drei großen, individuellen Apartments, die mit Stücken aus seiner exquisiten Möbelsammlung eingerichtet sind. Für alle Ästheten ein Genuss.

Seule une petite sonnette signale la présence de la boutique. On pénètre dans un vaste loft décoré par l'artiste américain Julian Schnabel et dans lequel Azzedine Alaïa présente ses nouvelles créations en restant fidèle à son style. Il est devenu célèbre au cours des années 1980, quand des stars comme Naomi Campbell et Madonna ont commencé à porter ses vêtements soulignant le corps. Juste à côté, son petit hôtel particulier abrite trois grands appartements aménagés avec des meubles de sa collection. Un plaisir pour les esthètes.

Open: Mon–Sat 10 am–7 pm
X-Factor: The Alaïa shoe boutique (Design: Marc Newson).
More: Azzedine Alaïa's designs for the stars emphasise their figures. Sarah Jessica Parker, Tina Turner, Naomi Campbell, Madonna are fans of his stretch fashion.

Öffnungszeiten: Mo–Sa 10–19 Uhr
X-Faktor: Die Alaïa-Schuhboutique (Design: Marc Newson).
Außerdem: Azzedine Alaïa kleidet die Stars figurbetont – zu den Fans seiner Stretchmode gehören Sarah Jessica Parker, Tina Turner, Naomi Campbell, Madonna.

Horaires d'ouverture : Lun–Sam 10h–19h
Le « petit plus » : La boutique de chaussures Alaïa (design : Marc Newson).
Et aussi : Azzedine Alaïa sait mettre en valeur la silhouette des stars. Sarah Jessica Parker, Tina Turner, Naomi Campbell, Madonna comptent parmi les accros de sa mode stretch.

ALAÏA

Aurouze

8, rue des Halles, 75001 Paris
☏ +33 1 40 41 16 20
www.aurouze.fr
Métro: Châtelet/Les Halles

Not a shop for the faint-hearted: stuffed rats and mice perform a last dance in the shop window of the specialist for "Destruction des animaux nuisibles". A wide range of different rat traps are suspended above the dancing rodents – not to be missed.

Dieser Laden ist nichts für schwache Nerven: Im Schaufenster des Spezialisten für „Destruction des animaux nuisibles" führen ausgestopfte Ratten und Mäuse einen letzten Tanz auf. Darüber hängen Rattenfallen in diversen Ausführungen – muss man gesehen haben.

Au fronton du magasin, on peut lire en lettres d'or « Destruction des animaux nuisibles ». Il vaut mieux avoir les nerfs solides pour contempler la vitrine derrière laquelle des rats et des souris empaillés mènent une dernière danse macabre. Au-dessus des bestioles sont suspendus des modèles de pièges en tout genre – cela vaut vraiment le coup d'œil.

Open: Mon–Sat 9 am–12:30 pm and 2 pm–6:30 pm
X-Factor: The stuffed rats in the display window.
More: Should you need insect spray, mouse traps or even a vermin exterminator, you will be given professional advice here.

Öffnungszeiten: Mo–Sa 9–12.30 Uhr und 14–18.30 Uhr
X-Faktor: Die ausgestopften Ratten im Schaufenster.
Außerdem: Wer Mückenspray, Mausefallen oder gar einen Kammerjäger braucht, wird hier perfekt beraten.

Horaires d'ouverture : Lun–Sam 9h–12h30 et 14h–18h30
Le « petit plus » : Les rats empaillés de la vitrine.
Et aussi : Vous êtes ici à la bonne adresse si vous avez besoin d'un insecticide, de pièges à souris ou d'un professionnel en dératisation.

DESTRUCTION DES ANIMAUX NUISIBLES
DEPUIS 1872
AUROUZE
JULIEN

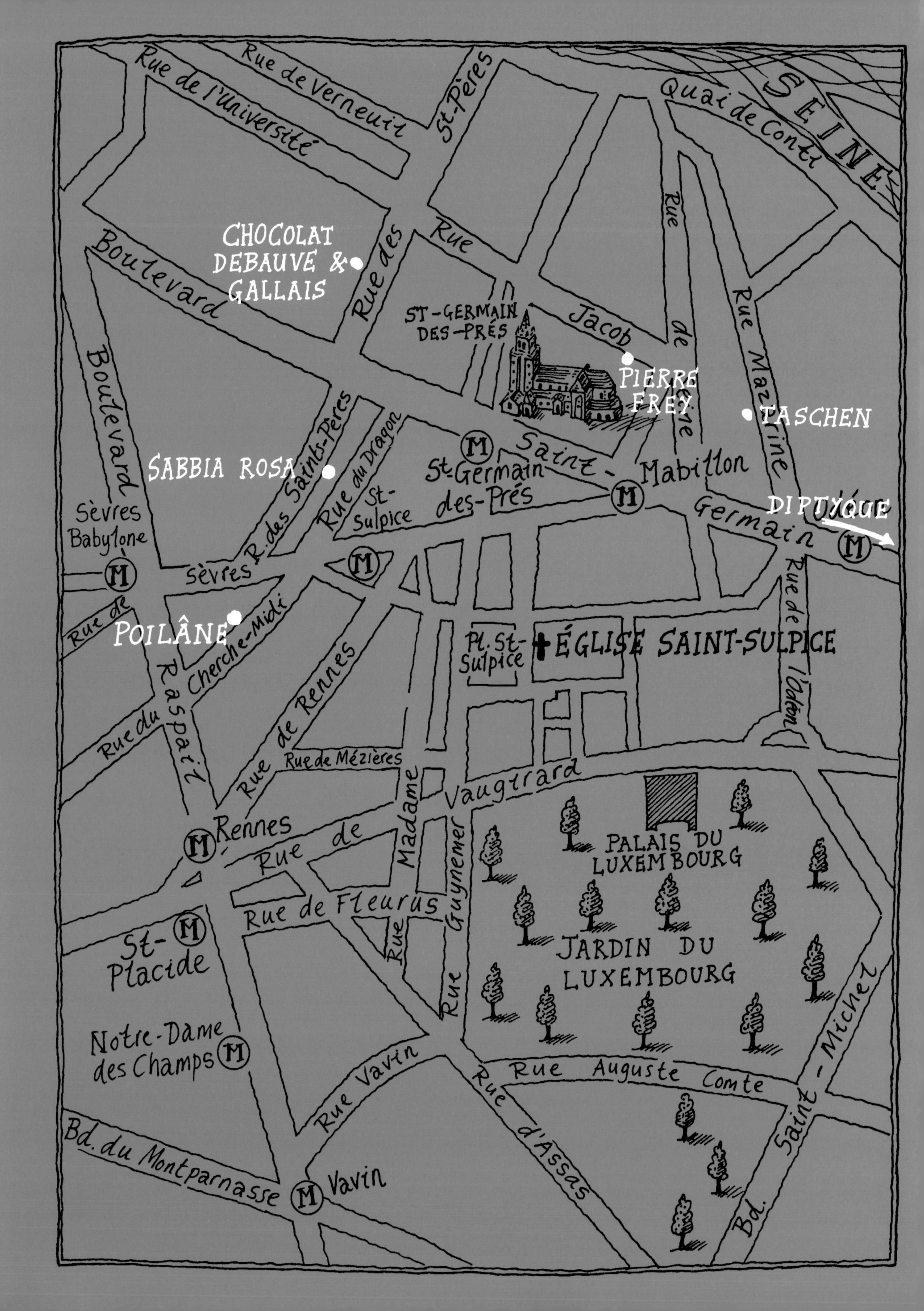
Rue de Verneuil
Rue de l'Université
St-Pères
Quai de Conti
SEINE
CHOCOLAT DEBAUVE & GALLAIS
Rue des
Rue
Jacob
Rue de Seine
Rue Mazarine
Boulevard
ST-GERMAIN DES-PRÉS
PIERRE FREY
TASCHEN
Boulevard Raspail
SABBIA ROSA
R. des Saints-Pères
Rue du Dragon
Saint-
St-Germain des-Prés
Mabillon
St-Sulpice
Germain
DIPTYQUE
Sèvres Babylone
Sèvres
Rue de
POILÂNE
Rue du Cherche-Midi
Pl. St-Sulpice
ÉGLISE SAINT-SULPICE
Rue de l'Odéon
Rue de Rennes
Rue de Mézières
Vaugirard
Madame
Rennes
Rue de
PALAIS DU LUXEMBOURG
Rue de Fleurus
Rue Guynemer
JARDIN DU LUXEMBOURG
St-Placide
Notre-Dame des Champs
Rue Vavin
Rue d'Assas
Rue Auguste Comte
Bd. Saint-Michel
Bd. du Montparnasse
Vavin

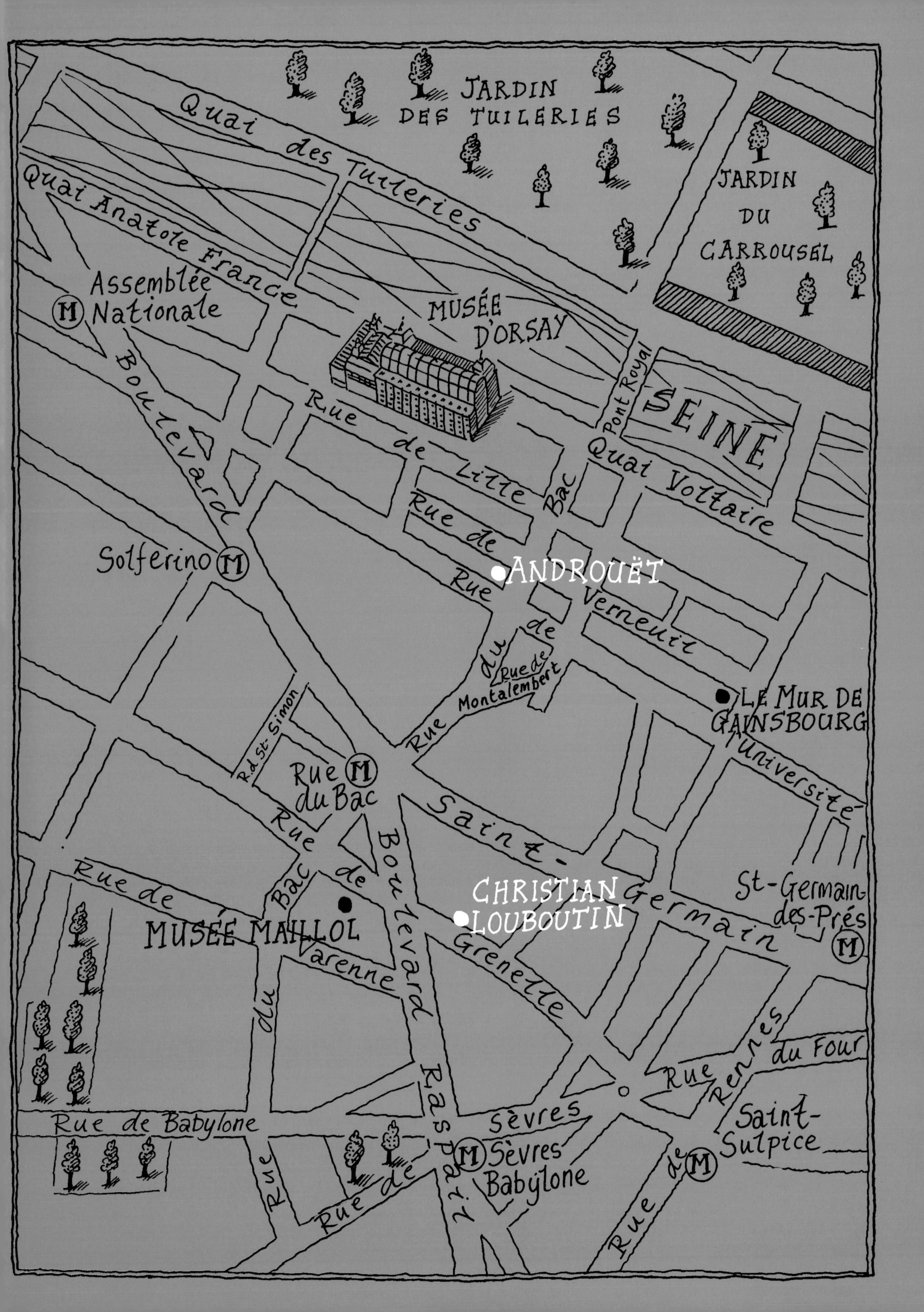

JARDIN DES TUILERIES
JARDIN DU CARROUSEL
Quai des Tuileries
Quai Anatole France
Assemblée Nationale
MUSÉE D'ORSAY
Pont Royal
SEINE
Quai Voltaire
Boulevard
Rue de Lille
Bac
Rue de
Solferino
ANDROUËT
Rue
Verneuil
du
de
Rue de
Rue Montalembert
LE MUR DE GAINSBOURG
Université
Rd St-Simon
Rue du Bac
Rue
Saint-
Germain
St-Germain-des-Prés
Rue de
Bac
de
Boulevard
CHRISTIAN LOUBOUTIN
MUSÉE MAILLOL
Varenne
Grenelle
du
Rennes
du Four
Rue
Raspail
Saint-Sulpice
Rue de Babylone
Sèvres
Sèvres Babylone
Rue de
Rue
Rue de

Diptyque

34, Boulevard Saint Germain, 75005 Paris
☏ +33 1 43 26 77 44
Métro: Maubert-Mutualité

The first store to sell its fragrances and scented candles was opened in this building in 1961. Diptyque has now become a leading global brand, and we can buy the retail shop's signature fragrance, which emanates from a bewildering array of candleholders and flacons: "34 boulevard saint germain" is inscribed on the little bottles with the attractive oval-shaped emblem. One of the company's classics is L'Ombre dans L'Eau, found in bathrooms all over the world in its scented candle form.

Das erste Geschäft für Düfte und parfümierte Kerzen wurde in diesem Gebäude im Jahr 1961 eröffnet. Mittlerweile ist Diptyque zu einer weltbekannten Marke geworden, und der charakteristische Duft des Ladengeschäftes, der hier in Form einer unergründlichen Mixtur den Kerzengefäßen und Flakons entströmt, kann erworben werden: „34 Boulevard Saint-Germain" steht auf den Fläschchen mit dem hübschen ovalen Emblem. Ein Klassiker des Hauses heißt L'Ombre dans L'Eau und ist besonders als Duftkerze in den Badezimmern auf der ganzen Welt zu Hause.

Le premier magasin de parfums et de bougies parfumées a ouvert dans cet immeuble en 1961. Aujourd'hui, Diptyque est une marque connue dans le monde entier et on peut acheter le parfum caractéristique de la boutique-phare, un mystérieux mélange qui se dégage des bougies et flacons : « 34 Boulevard Saint Germain » figure sur les flacons au joli emblème ovale. Un autre classique de la maison porte le nom de L'Ombre dans L'Eau et a élu domicile dans les salles de bains du monde entier, essentiellement sous forme de bougie parfumée.

Open: Mon–Sat 10 am–7 pm.
X-Factor: The scented five-wick candles in glazed porcelain jars are particularly attractive.

Öffnungszeiten: Mo–Sa 10–19 Uhr.
X-Faktor: Besonders schön sind die fünfdochtigen Duftkerzen in glasierten Porzellangefäßen.

Horaires d'ouverture : Lun–Sam 10h–19h.
Le « petit plus » : Les bougies parfumées à cinq mèches dans leurs pots de porcelaine émaillée sont vraiment très jolies.

DIPTYQUE
diptyque 34 boulevard saint germain

TASCHEN

2, rue de Buci, 75006 Paris
☎ +33 1 40 51 79 22
www.taschen.com
Métro: Mabillon/Odéon

The first TASCHEN boutique designed by Philippe Starck presents itself like a 100m² box encased in dark wenge wood, mirrors in warm tones, gently curved columns evoking tree trunks and furniture carefully chosen to invite dreaming and browsing. An eclectic clientele made up of tourists, collectors, aficionados and lovers of art take their time discovering the various areas of the publisher's entire list: fine art, contemporary art, photography, design, architecture, cinema, eroticism, travel, interior design, pop culture…

Der erste TASCHEN Store von Designer Philippe Starck präsentiert sich wie ein 100 m² großer Kasten aus dunklem Wenge-Holz – mitsamt Spiegeln in warmen Tönen, sanft geschwungenen, baumstammartigen Säulen und einer sorgfältig gewählten Einrichtung, die zum Träumen und Schmökern einlädt. Hier stößt man auf eine bunte Mischung aus Touristen, Sammlern, Aficionados und Kunstliebhabern, die in aller Muße die kompletten Themenreihen des Verlagshauses aus den verschiedensten Bereichen entdeckt: Klassische und zeitgenössische Kunst, Fotografie, Design, Architektur, Film, Erotik, Reisen, Interior Design, Popkultur …

La première boutique TASCHEN conçue par Philippe Starck se présente comme un écrin de 100m² gainé de sombre bois wengé, de miroirs aux tons chauds, de colonnes aux douces courbes évoquant des troncs d'arbre, et de meubles soigneusement choisis pour inviter au rêve et à la flânerie. Un public éclectique composé de touristes, de collectionneurs, d'habitués et d'amoureux de l'art y prend le temps de découvrir la collection complète de l'éditeur dans ses différents domaines : beaux-arts, art contemporain, photographie, design, architecture, cinéma, érotisme, voyage, décoration, pop culture …

Open: Mon–Thu 11am–8 pm, Fri/Sat 11am–midnight.
X-Factor: A wide range at a low price.
More: A gallery space dedicated to the limited art editions.

Öffnungszeiten: Mo–Do 11–20 Uhr, Fr/Sa 11–24 Uhr.
X-Faktor: Das große Angebot zum kleinen Preis.
Außerdem: Eine Galerie, in der die limitierten Art Editions ausgestellt werden.

Horaires d'ouverture : Lun–Jeu 11h–20h, Ven/Sam 11h–24h.
Le « petit plus » : Un vaste choix de livres à des prix record.
Et aussi : Un espace galerie dédié aux éditions limitées d'artistes.

TASCHEN
OBAMA
ART NOW
Los Angeles
Caravage
Caravage
DELUXE GALERIE CÉLESTE
WIRTSCHAFTSWUNDER
SAMPLE
AMERICA
NEIL LEIFER

Pierre Frey

Showroom Rive Gauche
1-2, rue de Fuerstenberg, 75006 Paris
☏ +33 1 46 33 73 00
www.pierrefrey.com
Métro: Mabillon, St-Germain de Prés

The fabrics and unusual textured wallpapers of this traditional design house will already be familiar from some hotels and country houses. Pierre Frey has thousands of different woven fabrics, curtains, bedspreads and wallpaper designs in stock. If you need to furnish a castle, you're in the right place. But even an unloved piece of furniture will get a new lease of life with a fresh cover in one of the surprisingly modern designs.

Mit den Bezugsstoffen und kurios bedruckten Tapeten des Traditionshauses hat man schon in einigen Hotels und Landhäusern Bekanntschaft gemacht. Bei Pierre Frey werden Tausende verschiedener Webstoffe, Vorhänge, Bettüberwürfe und Tapetenmuster auf Lager gehalten. Wer ein Schloss auszustatten hat, wird hier fündig. Aber auch ein ungeliebtes Möbelstück bekommt mit einem frischen Überzug aus einem der überraschend modernen Stoffe ein neues Leben geschenkt.

On fait surtout la connaissance des tissus d'ameublement et papiers peints aux curieux imprimés de la tradition maison dans les hôtels et maisons de campagne. Chez Pierre Frey, des milliers de tissus, rideaux, jetés de lit et motifs de papiers peints différents sont encore en stock. Tous ceux qui ont des châteaux à aménager y trouvent leur bonheur. Mais un meuble mal aimé peut aussi se voir offrir une deuxième vie sous une nouvelle housse dans l'une des étoffes étonnamment modernes.

Open: Tues–Sat 10 am–6:30 pm.
X-Factor: Some of the classic patterned wallpapers are far too good to stick on walls, and should be framed instead.

Öffnungszeiten: Di–Sa 10–18.30 Uhr.
X-Faktor: Manche der Wandtapeten mit traditionellen Mustern sind zum Verkleben viel zu schade und gehören in Rahmen gespannt.

Horaires d'ouverture : Mar–Sam 10h–18h30.
Le « petit plus » : Certains des papiers peints à motifs traditionnels sont beaucoup trop beaux pour être collés et méritent d'être encadrés.

PIERRE FREY
PIERRE FREY
BOUSSAC
JIM THOMPSON
RUE
FURSTEMBERG

Chocolat Debauve & Gallais

30, rue des Saints-Pères, 75007 Paris
☏ +33 1 45 48 54 67
www.debauve-et-gallais.fr
Métro: St-Germain-des-Prés

To my mind the finest and most authentic of the many chocolate shops in Paris; Balzac and Proust once shopped here. Established in 1800, Debauve & Gallais used to be a purveyor to the royal court. The chocolates – their packaging and the shop fittings are still befitting of royalty and have not been abandoned for a modern design – are what gives the shop its own special charm. Buy at least one bar of Chocolat aux Gemmes, preferably to be consumed as a bedtime snack rather than taken home.

Für mich der schönste und urspünglichste Laden unter den vielen Schokoladengeschäften von Paris; hier kauften schon Balzac und Proust ein. 1800 gegründet, belieferte Debauve & Gallais früher die Könige. Die Pralinen, deren Verpackung und die Einrichtung sind immer noch königlich und keinem modernen Design zum Opfer gefallen – das macht den ganz besonderen Charme aus. Man sollte zumindest eine Tafel „Chocolat aux Gemmes" kaufen und dann am besten gleich als Betthupferl verdrücken, statt sie mit nach Hause zu nehmen.

La boutique de chocolats la plus belle et la plus originale de Paris; Balzac et Proust y faisaient déjà leurs achats. Créé en 1800, Debauve & Gallais était le fournisseur des rois de France. Ni le cadre, ni les compositions et leurs emballages n'ont été victimes d'un remaniement moderne. Ils sont restés dignes d'un roi, c'est ce qui fait le charme des lieux. On devrait au moins acheter une tablette de « Chocolat aux gemmes » – et la savourer sur place.

Open: Mon–Sat 9 am–7 pm
X-Factor: The classic boxes with the seal emblem.
More: Grown men like Balzac and Proust wept with pleasure for these chocolates.

Öffnungszeiten: Mo–Sa 9–19 Uhr
X-Faktor: Die klassischen Kartons mit Siegel-Emblem.
Außerdem: Beim Genuss dieser dunklen Pralinen schmolzen schon Balzac und Proust dahin.

Horaires d'ouverture : Lun–Sam 9h–19h
Le « petit plus » : Les boîtes avec leur emblème.
Et aussi : Ces délicieux chocolats noirs faisaient déjà les délices de Balzac et de Proust.

CHOCOLATS
DEBAUVE
& GALLAIS

Sabbia Rosa

71–73, rue des Saints-Pères, 75006 Paris
☏ +33 1 45 48 88 37
Métro: Sèvres-Babylone

Paris is the city of dessous and lingerie. It might even be said that the Parisian woman was born to seduce men, and the mistress is a French invention and well knew how to use her charms… The boutique sells the most exquisite little dresses, panties and bras made of silk in all colours of the boudoir. Claudia Schiffer and Catherine Deneuve are just a few of the beautiful women who shop here regularly.

Paris ist die Stadt der Dessous und Lingerie. Man könnte fast sagen, dass die Pariserin dazu geboren wird, den Mann zu verführen; und die Mätresse ist eine französische Erfindung, die ihre Tricks kannte … In diesem kleinen Laden findet man die exquisitesten Kleidchen, Höschen und BHs aus Seide und in allen Farbtönen des Boudoirs. Claudia Schiffer, Catherine Deneuve und viele andere schöne Frauen sind hier Stammkundinnen.

Paris est la ville des « dessous chics » qui ne dévoilent rien du tout ; il semblerait que la Parisienne vienne au monde pour séduire l'homme. Cette petite boutique abrite les modèles les plus affriolants de combinaisons, culottes et soutiens-gorges en soie et dentelle, aux couleurs de boudoir. Claudia Schiffer, Catherine Deneuve et bien d'autres jolies femmes en sont les clientes attitrées.

Open: Mon–Sat 10 am–7 pm
X-Factor: Lingerie in every possible colour.
More: Only those who ring the bell gain access to the most elegant dessous in Paris: "Sonnez, s.v.p." is printed next to the doorknob – and even Madonna did.

Öffnungszeiten: Mo–Sa 10–19 Uhr
X-Faktor: Lingerie in allen erdenklichen Farbtönen.
Außerdem: Die elegantesten Dessous von Paris erhält nur, wer klingelt: „Sonnez, s.v.p." steht neben dem Knopf an der Tür – daran hielt sich auch Madonna.

Horaires d'ouverture : Lun–Sam 10h–19h
Le « petit plus » : De la lingerie dans tous les tons imaginables.
Et aussi : Si vous voulez obtenir les dessous les plus élégants de Paris, vous devrez d'abord sonner à la porte. Madonna a dû se plier aussi à ce rituel.

Sabbia Rosa

Sabbia
Rosa

Poilâne

8, rue du Cherche-Midi, 75006 Paris
☏ +33 1 45 48 42 59
www.poilane.com
Métro: Sèvres-Babylone/St-Sulpice

This is probably where the best bread in Paris is sold. The wonderful and simple window dressing, the simplicity of the small shop together with the reduced selection of breads and pastries are proof that it is quality not quantity that counts. Poilâne has been baking fresh bread for Parisians since 1932; the bakery is a must for all gourmets. The outsized loaves will last for days if the slices are toasted.

Hier gibt es das wahrscheinlich beste Brot von Paris. Schon die wunderschöne einfache Schaufensterdekoration, die Schlichtheit des kleinen Ladens sowie die reduzierte Auswahl an Broten und Keksen zeugen davon, dass nicht die Quantität, sondern die Qualität zählt. Poilâne begeistert die Pariser bereits seit 1932 mit frischem Brot; kein Gourmet sollte diesen Laden verpassen. Von einem der riesigen Laibe kann man zu Hause Tage zehren, wenn man die Scheiben toastet.

On y trouve probablement le meilleur pain de la capitale. Le simple et superbe étalage, la sobriété du petit magasin et le choix restreint de pains et de sablés témoignent que la qualité prime ici sur la quantité. Depuis 1932, le pain frais artisanal de Poilâne enchante les Parisiens. Avis aux amateurs de bon pain : les miches dorées de près de deux kilos se conservent plusieurs jours et les tranches peuvent être grillées.

Open: Mon–Sat 7:15 am–8:15 pm.
X-Factor: Pastries with white and dark flour.
More: Poilâne gives you instructions on how to bake your own bread; you can buy "Farine Poilâne" and cookery books with the special house recipes.

Öffnungszeiten: Mo–Sa 7.15–20.15 Uhr.
X-Faktor: Gebäck aus hellem und dunklem Mehl.
Außerdem: Man kann nach Anleitung von Poilâne auch selbst Brot backen: Im Laden gibt es das „Farine Poilâne" und Backbücher mit Rezepten des Hauses zu kaufen.

Horaires d'ouverture : Lun–Sam 7h15–20h15.
Le « petit plus » : Des pâtisserie à base de farine blanche ou sombre.
Et aussi : On peut aussi faire soi-même son pain en suivant les directives de Poilâne : la boutique propose de la farine Poilâne et des livres de cuisine avec des recettes de la maison.

8
Poilâne
Poilâne

Androuët

37, rue de Verneuil, 75007 Paris
☏ +33 1 42 61 97 55
www.androuet.com
Métro: Rue du Bac

Seventh heaven for everyone who loves cheese – Androuët has an assortment of more than 200 different sorts, of which 80 per cent originate in France, and all of them are produced from raw milk. The family business was founded in 1909 and since then has inspired the Parisians with its extremely aromatic specialities. Nowadays there are six branches throughout the city and this one is especially good.

Ein echtes Paradies für alle, die Käse lieben – Androuët hat mehr als 200 verschiedene Sorten im Programm, die zu 80 Prozent aus Frankreich stammen und allesamt aus Rohmilch hergestellt sind. Das Familienunternehmen wurde 1909 gegründet und begeistert die Pariser seitdem mit seinen stark duftenden Köstlichkeiten: Verteilt über die ganze Stadt gibt es inzwischen sechs Filialen; diese hier ist besonders schön.

Un vrai paradis pour tous les amateurs de fromages. Androuët propose en effet plus de 200 sortes de fromages dont 80 pour cent viennent de France et qui sont tous fabriqués à base de lait cru. Fondée en 1909, l'entreprise familiale enthousiasme depuis cette époque les Parisiens avec ses produits à l'arôme puissant. Six filiales sont maintenant réparties dans Paris et celle-ci vaut le coup d'œil.

Open: Mon 4 pm–7:30 pm,
Tues–Sat 9 am–1 pm and 4 pm–7:30 pm,
Sun 9 am–1 pm.
X-Factor: The right wine for each cheese.
More: Ernest Hemingway and Maria Callas chose their favourite French raw milk cheese at Androuët's.

Öffnungszeiten: Mo 16–19.30 Uhr,
Di–Sa 9–13 Uhr und 16–19.30 Uhr,
So 9–13 Uhr.
X-Faktor: Die passenden Weine zu jedem Käse.
Außerdem: Bei Androuët suchten sich schon Ernest Hemingway und Maria Callas ihre Lieblingskäse aus französischer Rohmilch aus.

Horaires d'ouverture : Lun 16h–19h30,
Mar–Sam 9h–13h et 16h–19h30,
Dim 9h–13h.
Le « petit plus » : Choix de vins qui accompagnent les fromages.
Et aussi : Ernest Hemingway et Maria Callas venaient déjà achetér leur fromage préféré chez Androuët.

FROMAGE
ANDROUET
Confit de Cerises Noires
Tête de Coings
Tête de moine
Gouda aux truffes
Tomme fermière
Tomme aux herbes
Chabichou
Feuille du Limousin
La rouelle
U Pécurinu
Venaco
Brin d'amour

Christian Louboutin

38–40, rue de Grenelle, 75007 Paris
☏ +33 1 42 22 33 07
www.christianlouboutin.fr
Métro: Sèvres-Babylone/Rue du Bac

Christian Louboutin, the darling of every Hollywood star, was apprentice to the great Charles Jourdan before launching his own line of women's shoes in the early 1990s. His shoes are always named after a famous actor, or a fashion star; his hallmark is the red leather sole. I myself am a great Louboutin fan, and am very probably one of the few women who doesn't have any Blahniks in the closet.

Christian Louboutin, der Liebling aller Hollywoodstars, lernte sein Handwerk beim großen Charles Jourdan bevor er in den frühen 1990er Jahren seine eigene Kollektion für Damenschuhe ins Leben rief. Seine Schuhe sind immer nach einem berühmten Schauspieler oder einem Modestar benannt; sein Markenzeichen ist die rote Ledersohle. Ich selbst bin großer Louboutin-Fan und höchstwahrscheinlich eine der wenigen Frauen, die keine Blahniks im Schrank haben.

Formé par le grand Roger Vivier, Christian Louboutin est avec Manolo Blahnik le chouchou de toutes les stars d'Hollywood. Ses chaussures portent toujours le nom d'un acteur célèbre ou d'un grand de la mode. Sa marque de fabrique est la semelle de cuir rouge. En ce qui me concerne, je suis une grande fan de Louboutin et probablement l'une des rares femmes à ne pas avoir de Blahniks dans mon armoire.

Open: Mon–Sat 10:30 am–7 pm.
X-Factor: The black peep-toes which have achieved cult status.
More: Half of Hollywood sashays around on these shoes with the red soles. No other pair of high heels confers such sex appeal.

Öffnungszeiten: Mo–Sa 10.30–19 Uhr.
X-Faktor: Die schwarzen Peep-Toes mit Kultstatus.
Außerdem: Auf diesen Schuhen mit roten Sohlen schwebt halb Hollywood, denn kein anderes Paar Pumps verleiht mehr Sex-Appeal.

Horaires d'ouverture : Lun–Sam 10h30–19h.
Le « petit plus » : Les Peep-Toes noires devenues culte.
Et aussi : À Hollywood la moitié des femmes portent ces chaussures à semelle rouge, car elles sont les seules à donner autant de sex appeal.

Index | Index | Index

Hotels

Restaurants & Bars

Shops

Imprint | Impressum | Imprint

Compiled, Edited, Written & Layout by
Angelika Taschen, Berlin

General Project Manager
Stephanie Paas, Cologne

Illustrations
Olaf Hajek, www.olafhajek.com

Maps
Michael A Hill, www.michaelahill.com

Graphic Design
Eggers + Diaper, Berlin

German Text Editing
Christiane Reiter, Hamburg
Nazire Ergün, Cologne

French Translation
Thérèse Chatelain-Südkamp, Cologne
Michèle Schreyer, Cologne

English Translation
Kate Chapman, Berlin

Lithograph Manager
Thomas Grell, Cologne

Printed in China
ISBN 978-3-8365-5485-5